再见，拖懒慢

すぐやる人に変わる
心理学フレームワーク

[日] 佐佐木正悟 —— 著
池愿闻 —— 译

天津出版传媒集团
天津科技翻译出版有限公司

著作权合同登记号：图字：02-2025-145

图书在版编目（CIP）数据
再见，拖懒慢 / (日) 佐佐木正悟著 ; 池愿闻译.
天津 : 天津科技翻译出版有限公司, 2025. 8. -- ISBN
978-7-5433-4781-6
Ⅰ. B84-49
中国国家版本馆CIP数据核字第20255BX890号

出　　版：天津科技翻译出版有限公司
出 版 人：方　艳
地　　址：天津市和平区西康路35号
邮政编码：300051
电　　话：（022）87894896（发行科）（022）87895660（营销部）
网　　址：www.tsttpc.com
印　　刷：天津中印联印务有限公司
经　　销：新华书店
版权记录：880mm × 1230mm　32开本　7印张　150千字
　　　　　2025年8月第1版　2025年8月第1次印刷
定　　价：52.00元

导 读

为什么需要了解心理学知识?

心理学这门学问，涉及很广。

乍看之下，社会心理学、教育心理学、行动心理学、临床心理学、产业心理学、经济心理学、运动心理学，都可纳入心理学的领域，似乎什么领域都和心理学有关。

工作场合似乎也可以用到心理学相关知识。例如：提高技能、构筑良好的人际关系等，这些重要的技巧都属于“心理”的范畴；同时心理学知识也能活用在业务、营销与缓解压力上。

那么，职场人究竟该吸收哪些心理学知识呢?

其实，这个问题很难回答。

究竟心理学要学到什么程度，才会对工作有帮助？对于这个问题，我还没有明确的答案。这样的回答，并不代表心理学对工作没有帮助，相反地，对工作非常有帮助的心理学知识相当多。

一起潜入心理学的海洋吧!

前面讲到很多领域都能归纳为心理学，心理学是一门跨领域的学问，融合了许多不同领域的真知灼见，如果能从中挑选出对于职场人有益的主题，就能发现许多令人惊喜的实用技巧。例如，经济心理学领域的研究成果，可以活用在产品的定价与营销策略的制订上；生理心理学可以帮我们了解压力对于身心的影响。社会心理学与行动心理学中也有许多职场人可借鉴的提高效率的技巧。若能充分活用这些知识，就可以形成零压力的工作状态。

一本从心理学切入的职场人效率指南

通常，整日忙碌的职场人没有时间去学习这么多的心理学知识。市面上商业管理方面的书籍虽然非常多样，但少有以心理学为切入点的，因而本书的问世，也是对读者需求的回应。

我们将当今时代职场人即学即用并且能立刻见效的心理学知识进行了汇整，本书囊括了经济心理学（行动经济学／行为经济学）等近年来快速发展的领域，活用这些领域的知识，就能对职场的日常工作与决策有所助益。

认知心理学领域的研究成果对提升管理层信息处理与分析决策能力有很大帮助。此外，社会心理学对于高度维持团队成员的行动力也颇有意义。

还有认知神经科学（脑科学），它与经济心理学都是在21世纪快速发展的学科。关于脑科学还有许多尚未解开的谜团，即使只是少数经过检验的理论，也能对锻炼记忆力与创新能力有所帮助。最后，压力是所有职场人都会面临的问题，而心理学对这方面的研究更是成果颇丰。

除了上述列举的经济心理学、认知心理学、社会心理学、认知神经科学之外，本书还融入了发展心理学、深蕴心理学、临床心理学等内容，对于本书的广度，笔者非常有自信。

事实上，本书相当重视实用性，内容从职场人的角度出发，对于工作能力的提升必能有所助益。

实用至上，一览无遗

当然本书内容并非仅限于列举对于职场人有用的心理学知识，为了让没有任何心理学基础的读者也能够立刻吸收，本书力求用语平易近人，极力避免专业术语。像“无意识”这样在日常生活中已经普及的用语，没有加以说明，而专用术语，则一定用浅显易懂的方式进行解释。

除了文字论述之外，笔者也希望借助图表为读者带来“直觉式”理解，每个主题都能即学即用、立刻上手，帮助读者轻松地将各个心理学分支在头脑中形成脉络。

本书是为那些希望将心理学活用在工作和生活中的读者所写的，因此所有的主题都列举了应用案例。

如同前文所述，本书并非心理学教科书，而是对职场人有指导意义的心理学书籍，衷心期望这本书能够帮助各位读者解决当下工作中的问题。

成为“立刻行动”的人

本书特点有二：一是撷取能够运用在工作和生活中的心理

学知识；二是希望本书能够成为大家“立刻行动”的指南。

说起接触心理学的契机，主要是原本我也是个犹豫不决、迟迟无法付诸行动的人。以前的我老是计划无法落实，虚度了许多时光，所以我很想弄清楚自己的心理状态究竟是怎样的。为了解决我的“拖、慢、懒”问题，我开始写这本书。

即使获得了丰富的知识也无法应用在当下，这是很多人在读了不少商业管理书籍后依然面临的问题，希望这本书能够为读者指明一条实践的道路。

本书中的每个主题都有一个指导大家摆脱拖延、重拾动力的金句，这句话能督促大家立刻行动，改变自己，请将它当作你的座右铭吧!

本书搜集了范围甚广的心理学知识，不过最核心的内容是与工作直接相关的行为经济学（经济心理学）。“07 精准营销、赢回市场的经济心理学”堪称是全书的精髓。

经济心理学是心理学中比较新的学科，目前正被各行各业广泛应用。该领域的关键人物是丹尼尔·卡内曼（Daniel Kahneman），当他于 2002 年获得诺贝尔经济学奖之后，他所研究的学问受到全球的瞩目。诺贝尔奖并没有心理学奖，因此卡内曼的获奖具有划时代的意义。

大多数人仍然对心理学有着极大的距离感。心理学的研究离不开现实的情境，因此心理学本身就是一个实用的知识宝库，然而多数人并不知道其中的奥秘。

为了突破这种困境，本书力求让职场人了解心理学是“职场保卫战”中再平常不过的“武器”。若能多一位读者活用本书介绍的知识，在工作上取得成绩，身为本书作者的我会深感欣喜。

目 录
CONTENTS

02 解锁人际密码的社会心理学

04 激发创意奇迹的启发式心理学

05 开发大脑、强韧心灵的应用脑科学

01

激发个人效能的认知心理学

如今的职场人士，为了减少加班、提升竞争力，都想尽可能地加快工作速度。而认知心理学所主张的“人机类比”则为提升工作效率带来了很好的启示。

遭遇难题？
深度思考才能一步到位

何谓认知心理学？

认知心理学是阐明知觉、记忆、言语、思考和学习等认知功能的心理学学科。该学科自 20 世纪 50 年代以来加速发展，这一现象被称为“认知革命”。

这门论及记忆与思考能力的心理学，与职场及生活关系密切。是人们在日常生活和工作中最先接触的心理学领域。

运用认知心理学寻找答案

1967 年，认知心理学这个名词首度出现在乌尔里克·奈瑟尔（Ulrich Neisser）的著作《认知心理学》（*Cognitive Psychology*）中，书中论及记忆与思考时提出了认知心理学这个名词。

事实上，认知心理学的起源更早。

1929 年，完形心理学家沃尔夫冈·柯勒（Wolfgang Köhler）曾发表了黑猩猩实验观察报告。

在该项实验中，研究员先将香蕉放在黑猩猩双手无法够到的高处，当黑猩猩屡试不成之后，它就会发怒。但不久后，黑猩猩发现周围的棍子、纸箱等可以拿来当工具，于是它爬上箱子，再用棍子去够香蕉。这时，黑猩猩的心中就有“原来如此！这样做就行了！”的认知（也就是洞察）。

人类的认知有更高层的意义，比如在解决问题时会在心中“沙盘”推演，就像是黑猩猩试图站在箱子上，然后用棍子够到香蕉那般。而这就是认知心理学探究的问题。

◎——雷厉风行的人 ▷ 深思熟虑！

图1　黑猩猩的顿悟

“应该这样做”的认知结构

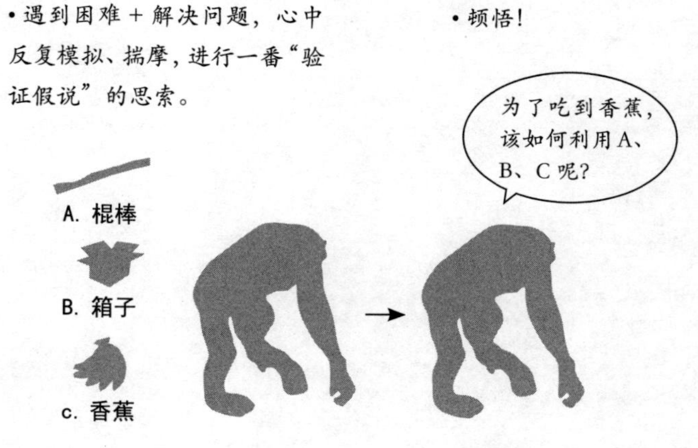

试着应用吧！

遇到恼人的工作难题又必须解决时，不要使用一般常用的方法（如网络搜寻、找书等），试着用自己的头脑想办法解决。如果运用自己的认知力就能找到解决方法，就会发现自己的脑袋并非空空如也，自信心就会大大提升。

沃尔夫冈·柯勒

完形心理学的代表学者之一。1921年任教于德国柏林大学，1935年逃离纳粹统治，前往美国斯沃斯莫尔学院（Swarthmore College）任教。他从黑猩猩使用道具取得香蕉的实验中，发觉认知力（顿悟）才是真正解决问题的关键，颠覆过去心理学主张错误或制约才能取得解决方法的理论。

大脑卡壳？
思维引擎需要先“熄火”再重启

何谓蔡格尼克记忆效应?

餐厅服务员对于客人所点的菜品，尚未上菜的比已经端上的菜名记得更清楚。在餐饮服务业工作的读者应该很容易理解。

因此，当时在苏联（俄罗斯）的布尔玛·蔡格尼克进行了一项实验，他让受测者玩拼图。

实验分为两组：一组中断拼图过程，另一组则不打断。最后不论拼图是否完成，中断的那一组对于拼图相关的记忆都更为清楚。

对于没有达到目标的课题，记忆会比已经达成目标的课题更深刻，这就是“蔡格尼克记忆效应”。

为什么会有蔡格尼克记忆效应?

对于为了达成目标所采取的行动，人们会感到紧张。然而，随着任务的完成，这种紧张的感觉就会消失。持续一定的紧张感，更容易唤起记忆，因此当目标尚未达成，记忆也就会保持下去。

一旦达成目标，大脑就会判断这个目标的细节已经不再需要记住，相关记忆也就会跟着消失。对于我们的大脑来说，紧张感是衡量是否需要记忆某事的尺度，当目标达成，紧张感消失后，大脑就会自动将其判定为不需要的信息。

◎——立刻行动 ▷ 暂时中断！

图 2　蔡格尼克记忆效应

被打断的记忆主题，更容易想起来

在拼拼图的过程中突然被打断，受测者对拼图的相关记忆却更为清晰！

试着应用吧！

遇到无法顺利进行的工作时，试着先暂停一下，再回来继续做！你会发现，自己对未完成事项的记忆和理解，甚至超过了已完成的事项。

布尔玛·蔡格尼克（Bluma Zaigarnik）

成长于苏联的心理学者、精神医师。1927 年在柏林大学库尔特·勒温（Kurt Lewin）教授的指导之下，进行了一项关于尚未达成目标的事项的记忆情况研究。结果发现，人们对于尚未完成的课题比已经完成的更容易想起来。

半途而废？
“分段”享受成果，让动力持续燃烧

何谓双曲贴现

人们对于眼前可以拿到的小钱，会比未来能领到的大钱更为在意。

这不是歪理，而是因为人类对于眼前能得到的利益非常敏感，对于长远的利益却并非如此。

节食与戒烟等行为就能够很好地解释乔治·安斯利（George Ainslie）研究的“双曲贴现”理论。

当决定明天开始戒烟时，你会觉得这是一件很轻松的事情，因为现在的自己其实也不是那么想要来一根。此时“明天抽烟”的吸引力打了折扣，没有“现在抽烟”来得有吸引力，而且戒烟可以让身体更健康。

然而，隔天会如何呢？

的确，让身体更健康是有吸引力的，但是这件远在未来的事太遥远了，未来的利益对当下自己的吸引力打了折扣。另一方面，“现在来根烟”的短期利益（魅力）并没有打折，因为这是当下立即能够得到的，因此你就点了一根烟。

工作也是如此，长期项目的成果属于长期利益，它的魅力没有那么高，因此你就迟迟无法着手完成。相较于此，不如先完成眼前可以立即完成的工作（交出成果），例如优先处理简单的事务。

不过，一直做简单的事情对于推动项目进度也无济于事，最好的办法是将工作切割成一个个能够立刻完成的小目标，这样就能极大地提高长期项目的推进效率。

◎——立刻行动 ▷ 当下的课题

图 3　双曲贴现

明确目前课题的效用

双曲贴现效用的逆转

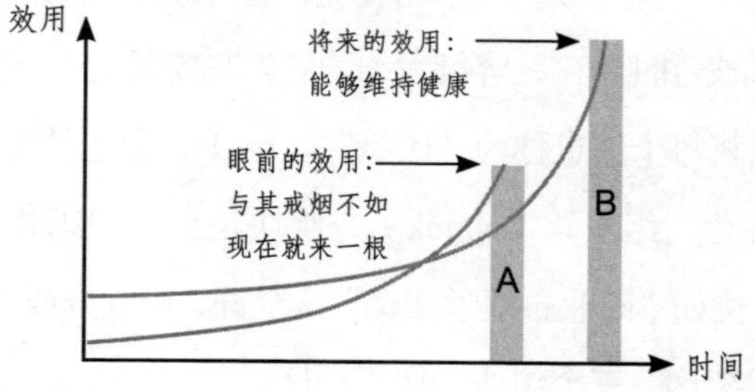

试着应用吧！

将长期项目切割为许多容易达成的小目标，如此一来，就能立即确认自己的进度，收获成就感。

乔治・安斯利

精神科医师、临床医师。科茨维尔退伍军人事务医疗中心（Coatesville Veterans Affairs Medical Center）精神科主任、天普大学（Temple University）教授。持续研究非同时谈判，是双曲贴现理论的主导者。

经常遗忘？
神奇数字帮你打造“记忆区块链”

何谓神奇数字？

心理学家乔治·A. 米勒（George A. Miller）注意到“7”是记忆原理中的神奇数字。米勒发现，首先映入脑海的是“短期记忆”，可被暂时储存，容量大约为“7 加减 2”。

如果将每个信息称为“比特”（bit），上述“块状记忆”的单位则称为“组块”（chunk），组块是经过组织化的信息，便于记忆。例如“商业心理学架构”这个词，可以分成“商业”“心理学”“架构”三个组块，便于记忆。

落实组块

组块的应用很广。最常见的例子是电话号码以横线区隔。当然，地址也可以用组块区隔，便于记忆。用同音异义或谐音记住数字也是常见的方法。即使如图书馆使用的图书分类法，虽然超过 7 个数字，但也是用组块的方式来区隔的。

超过 7 个字的信息量加以组块之后，就更容易记忆，这种方法可以被用于处理各种复杂的信息。

◎——立刻行动 ▷ **化为组块！**

图 4　短期记忆与块状记忆

块状记忆（整合记忆）让记忆力倍增

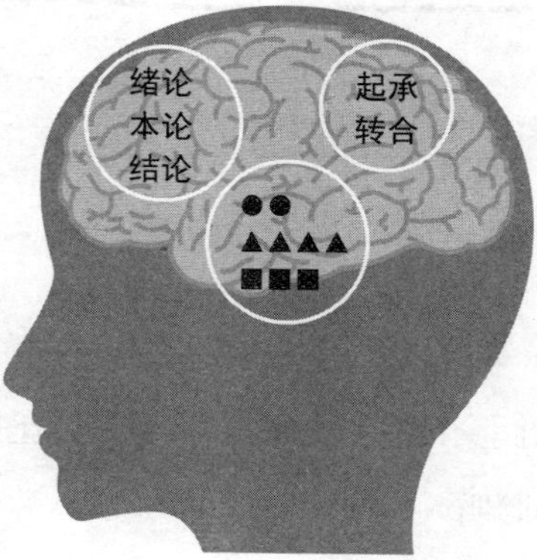

块状记忆指的是将记忆内容范围化。
将信息以故事或机械化方式分类，比较容易记住。

试着应用吧！

将自己想做的事情分成大、中、小三类写下来。每一类的数量以“7 加减 2”的方式归纳，也就是说，同一类别中项目的数量介于 5 至 9 之间，之后再整理一次。如此一来，就能轻松地挑出自己真正想做或必须要做的事情。

乔治 · A. 米勒

阿拉巴马大学毕业，与诺姆 · 乔姆斯基（Avram Noam Chomsky）共同研究心理语言学。1956 年发表关于人类大脑处理信息的短期记忆研究的论文。

紧急任务堆成山？
专注一事，效率翻番

何谓鸡尾酒会效应？

选择性注意又名“鸡尾酒会效应”，也就是说，在许多人参加的宴会中，即便周围的人们交谈音量颇大，只要是自己感兴趣的话题，就一定会很专注地聆听。

奇妙的是，在如此喧嚣的宴会中，明明隔了一段距离，却依然能清楚地听到有人提到你的名字，换句话说，没有特别专注地聆听也能够听到。

这种情况其实很常见，就像开车的时候，司机只注意与交通安全有关的信息，在高速公路上行驶时，完全记不住眼前汽车的车牌号，但却对后视镜中快速行驶的后方来车情况非常清楚。

选择性注意

人们对于注意的对象本来就会有所选择。这种选择分为有意识与无意识两种。在热闹的宴会中，人们对于自己加入的团体是有意识地注意，对于别人提到自己的名字，却是无意识地注意。

相反地，如果是没有被自己注意到的信息，大脑就会将其判断为不重要的事情，即使我们听进去了，通常也不会深究其内容。

◎——立刻行动 ▷ 只专注于一件事情

图 5　选择性注意

大脑无法一次性获得太多的信息

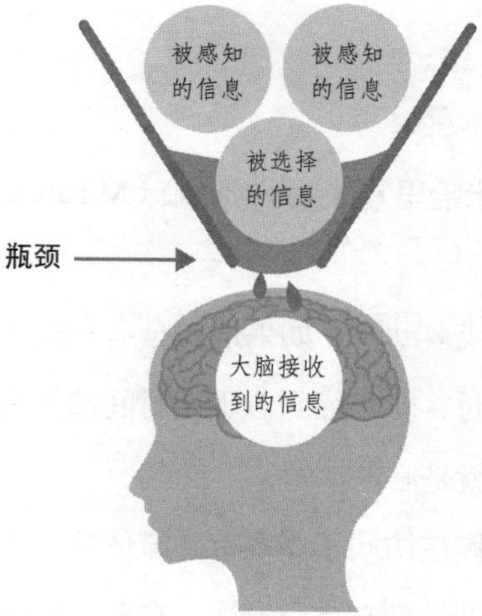

试着应用吧！

想一次处理很多工作，或是操作机器同时完成多个任务，其实反而会降低效率。

唐纳德·布罗德本特（Donald E. Broadbent）

1947 年从英国空军退伍的布罗德本特着手从事心理学研究。他根据曾任飞行员的经验，提出锻炼飞行员的专注与信息处理能力的极限，可使飞行事故减少。他以工学心理学为切入，在应用心理学的领域有莫大的贡献。

质量难提？
心流工作法帮你提高集中力

何谓心流？

心流体验是米哈里·契克森米哈赖（Mihaly Csikszentmihalyi）提出的概念。

当人们工作或运动时，如果进入全身心投入、能发挥出最高技术的忘我状态时，就会感到似乎连时间都停止了。这种一心一意的神驰体验，就是心流体验。

契克森米哈赖在访问了许多有心流体验的人之后，发现他们有个共同点，那就是拥有完全专注、忘我、时间停止的感觉。于是他开始研究如何体验心流状态，他发现其关键条件是：个人技能发挥到极致，同时全面专注在艰难的事情上。

GTD 与心流

大卫·艾伦（David Allen）因出版《搞定·无压工作的艺术》（*Getting Things Done：The Art of Stress-Free Productivity*）而闻名世界，他所说的“搞定”（GTD，getting things done）也与“心

流体验”类似。他提倡的GTD工作方法主张不把工作细节留在脑中，而是外显化、可视化，这样就能获得心流体验。

借助GTD可以体验心流，主要是因为这种方法纾解了面对艰难任务时产生的压力，从而让自己更好地专注于事情本身。

◎——立刻行动 ▷ 挑战极限！

图6　体验心流的条件

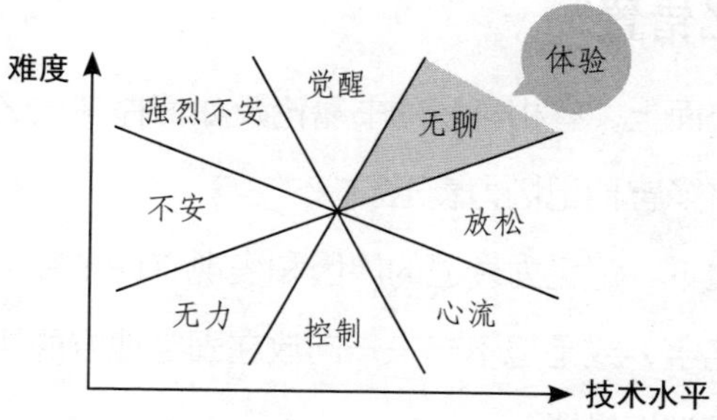

试着应用吧！

看看自己手边的工作，哪些是技术必须发挥到极致才能做好的工作？在做这类工作的过程中，是否比较容易有心流体验？进入心流状态时，是否能够明显提高工作质量？

米哈里·契克森米哈赖

1948年来到美国，以奖学金获得者的身份攻读心理学。1968年获得美国荣誉公民，现为芝加哥大学教授，是正向心理学领域的关键人物，著作甚多。

记忆错置？
强化记忆短板，培养最强大脑

何谓记忆错置？

目前市面上，有相当多的书籍论及如何提高记忆力，由此可见，人们有多害怕记忆力衰退。

乍看之下，记忆力衰退的原因和表现有许多种，比如记不住眼前人的名字，或是想不起来一向放在固定地方的钥匙究竟在哪里。这就是记忆错置。

心理学者丹尼尔·夏克特（Daniel L. Schacter）在分析上述与记忆相关的错误之后，将它们分为两大类别：一是健忘造成的错误；二是大脑指令引起的错误。在此基础上提出了记忆的“七宗罪”（The Seven Sins of Memory）：

1. 健忘

记忆随着时间的推移而减退或丧失。

2. 失神

精神涣散，没有记住该记住的事。

3. 空白

大脑努力地想找出某一信息，却怎么也想不起来。

4. 错认

误把幻想当作现实。

5. 暗示

在唤起过去记忆时，因受到某种引导性的问题、评论或建议的影响，而使记忆遭到扭曲。

6. 偏颇

根据自己目前的认知，重新“编辑”甚至全盘“改写”以前的经验。

7. 纠缠

明明想彻底忘却的恼人事件，却一再反复想起。

◎——立刻行动 ▷ 找出原因、加强训练！

图 7　记忆出现错误的原因

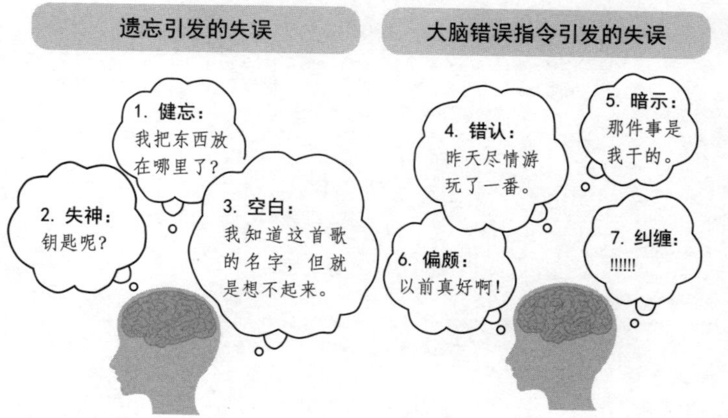

试着应用吧！

每个人都会有记忆出现错误的时候，是否因此而感到困扰则因人而异。对你来说哪件事情特别烦恼，不妨试着找出原因，再加强训练。

丹尼尔·夏克特

北卡罗来纳大学心理学学士、多伦多大学心理学硕士与博士，毕业后服务于杜伦退伍军人事务医院（Durham Veteran's Affairs Hospital）、任美国哈佛大学心理学系系主任。专攻记忆方面的课题。

难抵诱惑？稳定血糖值，掌控意志力

何谓自我损耗？

根据罗伊·F. 鲍迈斯特（Roy F. Baumeister）划时代的研究成果显示，意志力有以下法则：

1. 意志力的总量有限，只要使用就会有损耗。

2. 各种行动所使用的意志力，都来自同一个源头。

很意外吧？无论在幼儿园、学校或职场，这两个法则始终左右着我们使用意志力的方式。而储存意志力的也只有一个地方，只要使用意志力，就会逐渐消耗它。例如，要完成一件大事，但同时进行的减肥就会失败。这是因为意志力用在“工作要努力”上了，就不足以支撑控制饮食。

所以自我是会损耗的。

准备期末考的学生无法好好打扮，这并不是因为时间不够，而是因为自我损耗。

血糖值左右意志力

鲍迈斯特的研究非常特别，根据他的分析，保持饭前血糖浓度的稳定，是维持自制力不可或缺的条件。

饭前血糖浓度愈高，相对之下愈能发挥意志力。但急速提高血糖值的砂糖对意志力来说并不好，虽然血糖值得到了暂时的提高，但也会急速降低，从而导致意志力不够稳定。也就是说，有限的意志力会受到营养状态的极大影响。总之，意志力是一种生理力量。

◎——立刻行动 ▷ 目标只能选一个！

图 8　意志力

维持意志力的原理

试着应用吧！

想让重要的长期项目取得成功，最好不要随便浪费意志力。根据鲍迈斯特的研究，保持生活规律，多吃蔬菜，睡眠充足，重要的事情尽可能在一日之初的时间完成，就可以更好地发挥意志力。

罗伊·F. 鲍迈斯特

佛罗里达州立大学教授，著名的社会心理学者，主要研究领域包括自制、自尊心、激励、攻击性、自由意志等。其著作众多，内容涉及依赖、家庭暴力、减重等日常生活中的心理学。

悲观畏难？
用成功经验激活你的执行力

记忆与心情的链接

记忆中的心情好坏，对于我们目前手边正在进行的工作有着极大的影响。而这个早已被人们视为常识的发现，则源自戈登·霍华德·鲍尔（Gordon H. Bower）的研究成果。

鲍尔发现，如果记忆中是正向的心情，面对眼前的工作时，心理状态就会是正向的。相反，如果记忆中是负面的心情，就会影响眼前的工作状态。

从结果来看，幸福时容易想起过去幸福的记忆，不幸时则很容易想起过去不幸的经历。

悲观者会更悲观？

如果上述的理论是正确的，心情总是低落的人，很容易想起不幸的记忆，更容易陷入悲观。

事实上，也有许多心理学者提出这样的主张。但现实中并不是只有幸与不幸，人类不可能仅处在幸与不幸两种心情中，还有许多种心情交替出现。

图 9　用成功经验激活你的执行力

产生正向经验的法则

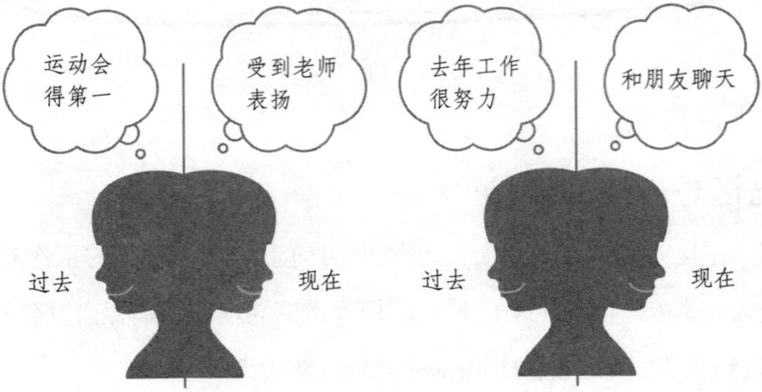

正向经验会伴随着幸福感与成就感而来。

试着应用吧！

将过去曾在工作中得到的成就感，应用在眼前的工作上。如果可以，将这些正面的经验写下来，让它成为自己记忆的一部分，仅仅是重复这些成功的记忆，就能提高行动力。

戈登·霍华德·鲍尔

1959 年获得耶鲁大学博士之后任教于斯坦福大学心理系。2001 年德国电影 *Das Experiment* 中描述斯坦福大学心理系进行的监狱实验，角色之一就是当时还是研究生的他。

“开始”艰难？
强化正念就能立刻行动

何谓可得性启发法?

现在请你回想过去曾自信满满的情境，我们准备了两组实验。一组要求想出 6 个情境，另一组则要求想出 12 个情境，我们要比较这两组受测者的自信程度。

结果显示，想出 12 个情境的这一组反而没有想出 6 个情境的这一组体验到的自信感强。因为容易想起来的事情可能源自现实中发生的错觉（人们认为愈容易想起来的例子，同类事件发生的可能性就愈大。这取决于我们记忆的强度，而恐惧则是最容易被记住的感觉），这就是所谓的可得性启发法。

快速完成工作的诀窍

迅速完成工作的关键，是只记住曾经迅速行动的事件。如此一来，只要回想起过去的成功经验，你就会对快速完成这件工作充满信心。

想想看，这究竟是为什么？你是马上会想起过去迅速完成工作的行为，还是更容易想起工作拖延时的行为？如果是前者，你会认为自己是个行动积极的人，如果是后者，你可能会认为自己是个被动的人。

◎——立刻行动 ▷ 正向思考！

图 10　可得性启发法

容易被唤起的记忆

车祸比空难发生概率高，但因为大众媒体对于空难的报道往往篇幅更大，更容易深植人心，所以便给人们造成一种很容易遇到空难的错觉。

试着应用吧！

运用这个法则，可以激励他人对目标付诸行动。正向思考可以引导人们做出良好的表现。人们只是根据他们对事件已有的信息，例如容易记忆或记忆中的多寡确定该事件发生的可能性，事实上，容易回想起的事件会更容易出现。

02
解锁人际密码的社会心理学

公司是组织，身为工作者，必须认清一个事实，那就是，在公司不可能只做自己想做的事情。在组织中给我们带来压力的事情相当多，甚至有时候需要放下自我才能在组织中生存。但不妨换个角度看，我们如何才能提高工作积极性呢？关于这些问题，在这一章中，我们会从社会心理学角度予以解答。

团队积极性差？布置超越薪水的“诱惑”

何谓内在动机？

20 世纪 70 年代，两位心理学者爱德华·德西（Edward L. Deci）与马克·R. 莱佩尔（Mark R. Lepper）分别进行了一项有名的实验，日后这项实验也成了心理学领域的经典实验之一。

每个人都有类似的经验，那就是认真做一件事情时，即使没有奖励也能乐在其中。

如果能有主动解决问题的意愿，就算是没有奖励也能从中获得成就感，这就是内在动机。

为什么奖励反而让人丧失动力？

在莱佩尔的实验中，受测者是一群喜欢画画的小孩，当研究员对他们说“画画就有奖赏”之后，小孩们反而失去了对画画的热情，他们其中一些人就开始随便乱画。也就是说，外在报酬损害了内在动机。

不过，这是实验的解释，事实并非如此单纯。当实验前没有告知小朋友有奖励，在实验开始后才告知时，小朋友们的内在动机依然很旺盛，丝毫没有受到影响。

这说明，影响内在动机的并不是“奖赏”，而是“画画是为了得到奖赏”。

◎——立刻行动 ▷ 发自内心想要！

图 11　内在动机

奖励也会阻碍内在动机

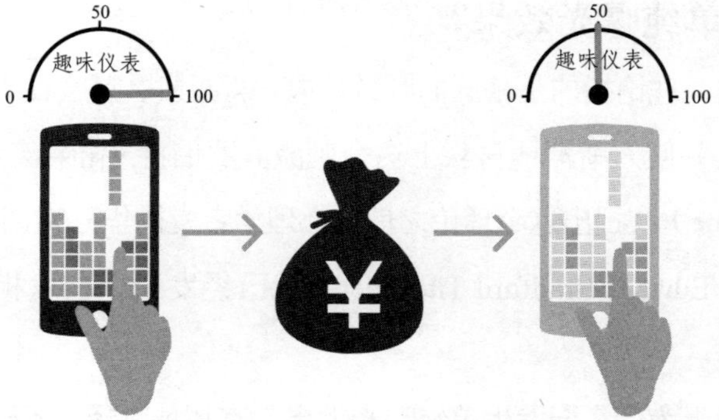

• 原本乐于从事的事情，也会因为将关注点转移到外在报酬（有形的酬劳）上而降低乐趣体验。

• 尝试思考其他因素。

试着应用吧！

想想看，是否可以利用这个法则激发他人的工作积极性？

爱德华·德西

美国社会心理学家，在罗切斯特大学从事教育研究，主要研究内在动机。此外，他也以实验证明外在报酬（例如金钱等）会对内在动机产生负面影响。

不善社交？
反复打照面，直到对方喜欢你

何谓单纯曝光效果？

这个理论指的是相同的刺激如果一再重复，就会使人们放松戒备，并使人渐渐地喜欢上这个刺激。罗伯特·扎荣茨（Robert B.Zajonc）在提出这个理论之前，心理学者爱德华·布雷福德·铁钦纳（Edward Bradford Titchener）就已经发表了引发相关效果的报告。

至于为什么会发生单纯曝光效果，有几种解释，不过最常被提及的还是认知的容易程度。人类理解新的刺激时会让头脑感到疲累，而对于熟悉的人、事、物都不用花费太多心力，或者说，生物的本能对于不常接触的人、事、物会感受到危险。

潜意识的好感

人们对单纯曝光效果也有许多误解。比如，经常出现在意中人面前积极地自我推销，也可能让对方厌烦，造成负面效果。而对于那些我们平常没有特别注意的面孔或标志，由于日常生活中屡次接触，反而容易对其怀有好感，这就是单纯曝光效果。

在选举中，即使没有强力的支持，毫无名气的候选人只要不断曝光，也有可能当选，这也是一个好例子。

◎——立刻行动 ▷ 诚恳沟通！

图 12　单纯曝光效果

提高好感度

香味的单纯曝光效果

资生堂曾进行过一项让受测者反复闻花果香气并表达喜好的实验，结果显示，越常接触哪种香气，越会提高对其的好感度。这个结果也证实了单纯曝光效果理论的真实性。

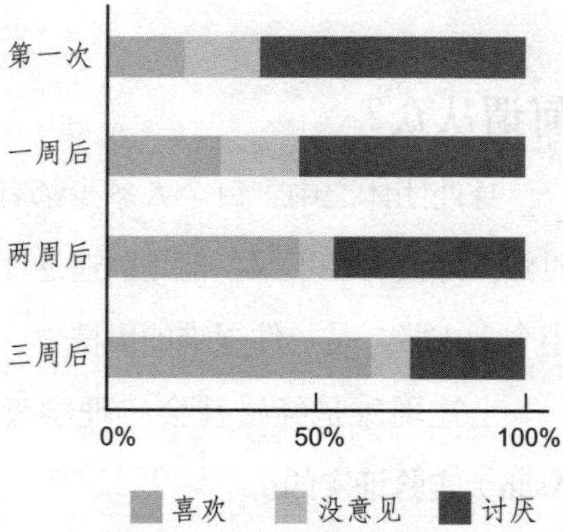

资料来源：资生堂

试着应用吧！

只要尽可能多地增加曝光次数，就可增加约 5% 的好感度。换句话说，只要注意自己的仪容打扮，让对方觉得还不错，就有机会增加其对自己的好感。

罗伯特·扎荣茨

出生于波兰的美国籍社会心理学者，1955 年荣获密歇根大学博士学位。他借助单纯曝光效果理论进行人类魅力相关的研究，对于社会心理学的建设有许多贡献。

从众压力大？
觉醒自尊，勇敢做个“少数派”

何谓从众？

身处团体之中，每个人多少都有放下自己意见，屈从他人的时候。即使有些不服，但是敢违逆团体多数人的意见，而勇于提出个人主张，是一件很难的事情。

上述现象是经过社会心理学者所罗门·阿希（Solomon E. Asch）实验证实的。

在这个实验中，即使是一个很简单的、单独一人解题时正确率高达99%的题目，若请5人以上的团体回答，并在团队中安排人故意给出错误答案，给团队中剩余的人施加压力。在强大压力之下，选择正确答案的少数人大多会屈从错误的答案，结果正确解答率仅有30%。这个现象就是从众。

轻易从众的人

或许大家都已经知道，团体的人数越多，从众的压力就越强。此外，团体中位居中间阶级的人，屈服于压力进而从众的可能性也较高。

受惠于组织而有糊口的工作，当然某种程度上必须从众，否则可能遭受有形或无形的打压，而选择从众，则有可能失去自尊。其实，只要认清这个事实，就有能力抵抗从众的压力。

◎——立刻行动 ▷ 做个少数派！

图 13 从众

屈服多数人的压力

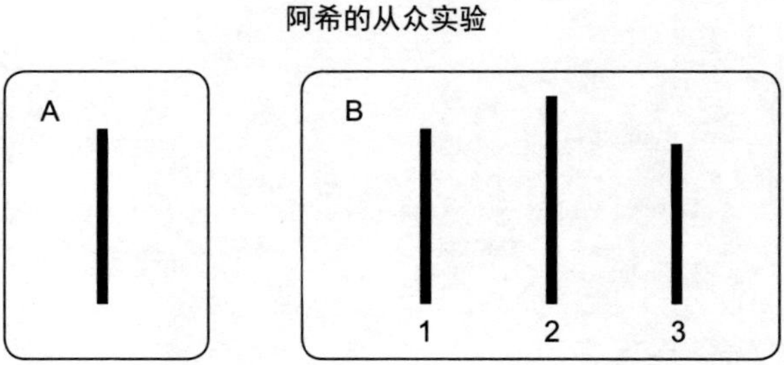

问：与 A 图中长度一样的是 B 图中的哪一条线？

正确的解答是 1，但是多数人认为是 3，受到从众压力的影响，这一题的正确解答率仅有 30%。

试着应用吧！

引发从众心理的原因是，人们认为，如果不和多数人持相同意见，自己在团体中的地位就有可能下降。当因组织中的从众压力感到痛苦时，可以想想“少数派”的生存之道。

所罗门·阿希

生于波兰华沙，社会心理学者。1920 年前往美国。1932 年取得哥伦比亚大学博士学位，受教于格式塔心理学派（Gestalt-theorie）的马克斯·韦特海默（Max Wertheimer）。1951 年进行著名的从众实验，证明人们在社会压力下会说出明显错误的答案。

想法分歧？
永远别试图改变他人

何谓现实疗法？

威廉·格拉瑟（William Glasser）曾在精神医学界展开关于批判精神科用药与精神分析的研究，并在改善人际关系方面提出了现实疗法。

格拉瑟思考的根源是人类与生俱来的社会存在感，也就是人的基本需求，一切的行为皆源于为满足这些需求所采取的选择。他所认为的这些需求与亚伯拉罕·马斯洛（Abraham Harold Maslow）提出的需求层次理论类似，也就是重视生理、安全、社交、尊重以及自我实现需求。因此格拉瑟认为人们所经历的精神问题，根源就在于人际关系问题的扩大。

选择理论

在担任心理咨询师期间，格拉瑟不断实践自己的现实治疗法，他的理论逐渐成形——在现实治疗法中，假设大脑是一个选择系统，所有的行为都是系统为满足心理及生理需要而做出的选择。

也就是说，我们无法控制他人，能够控制的只有自己的行动（行为）与想法（思考）。如果想要有更好的人生，就不要试图控制别人。

◎——立刻行动 ▷ 改变行为与思考！

图 14 选择理论

控制自己的行动与想法

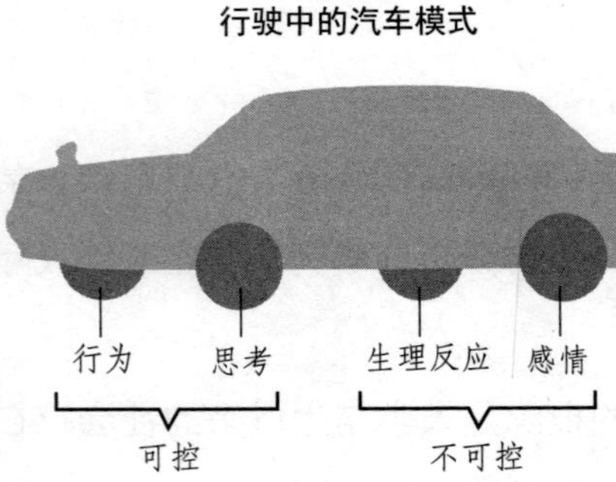

前轮相当于行为与思考，后轮则相当于生理反应与感情。

试着应用吧！

威廉·格拉瑟指出，当你和亲朋好友或同事之间发生不愉快后，如果处理欠妥对生活与工作会有长期的不良影响。因此改善你与身边人的关系，对改善自己的精神状态很有帮助。

威廉·格拉瑟

1925 年出生于美国的精神科医师，1967 年开设现实疗法研究所，之后出版了多本心理学、教育等领域的书籍。他提出的选择理论，在全球超过 25 个国家广为流传。

总做“透明人”？树立温和人设，成为吸引人的磁铁

何谓个人知觉？

在工作场合中，能给身边人留下好印象的人，往往更容易成功。所罗门·阿希（Solomon E. Asch）研究发现，容易让人留下好印象的人与不易让人留下好印象的人有明显的差异。

A：知性的、练达的、勤勉的、温和的、坚决的、例行的、慎重的

B：知性的、练达的、勤勉的、冷淡的、坚决的、例行的、慎重的

A 与 B 中只有一项不同，那就是“温和的”与“冷淡的”。然而，多数人对于 A 的描述有好印象，但对 B 则抱持负面感觉。

“先入为主”的影响

仅仅是语言描述，就能使人形成某种印象吗？

这项实验是由哈罗德·哈丁·凯利（Harold Harding Kelley）进行的。他将参与实验的大学生分成两组，跟其中一组大学生说他们的讲师是一位“温和的”人，而对另一组则说他们的讲师是

位“冷淡的”人。

研究结果显示，被告知讲师是“温和的人”的那一组学生，给予他们的讲师知性且值得信赖的评价。被告知讲师是“冷淡的人”的那一组学生，则认为他们的讲师虽然知性，但心高气傲。

◎——立刻行动 ▷ 温和亲切是上策！

图 15　个人知觉

由他人决定的印象

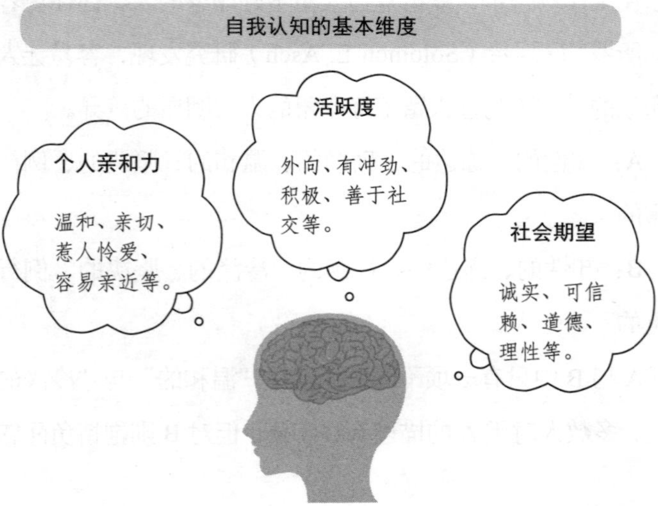

试着应用吧！

想要给人留下好印象，首先就要努力地让人觉得你容易接近、为人亲切、体贴等，因为看起来有学问、有能力等的特征，通常会带给人较负面的印象。

哈罗德·哈丁·凯利

美国社会心理学者。早期代表学术成果是和利昂·费斯廷格（Leon Festinger）一起完成的组织沟通研究。1967 年提出归因分析模型，对于认知社会心理学极有贡献。

他人不配合？打造权威立场，升高维度提需求

何谓服从实验？

斯坦利·米尔格兰姆（Stanley Milgram）的“电击服从”实验，是心理学中一项赫赫有名的实验。

受测者负责控制电击开关，当实验室里的学生答错问题时，受测者必须听从实验者的命令打开开关，使用最高450伏特的高压电电击答错问题的学生。但实际上学生并没有遭到电击，只是假装发出哀号声，请求受测者停止下令。

实验预测只有1%~10%的受测者会持续落实惩罚。但是结果显示，65%的受测者会在实验者不断催促下按最大电压的开关，35%的受测者则表现出抗拒，并停止且质疑这项实验。然而，没有任何受测者在按下300伏特之前停止。这是相当惊人的结果。

人们容易服从权威的要求

公司里的主管可能会很惊讶，受测者明明知道电击他人会造成对方肉体上和精神上的痛苦，但这些受测者依然听命于实验者

的指示行事，那为什么有些员工对自己的命令就是不从？

米尔格兰姆认为，人类是否容易服从权威的要求，在于权威者是否挂上显示地位的象征（如徽章等），以及权威者发号的施令是否愈来愈大。这个实验就遵守了前述两项条件，此外，权威者的身边没有反抗者也是关键原因所在。

这个实验让我们看清人类在面对权威者下达违背良心的命令时，究竟能够发挥多少拒绝的力量，其结果反映的并非人的盲目服从行为，而是深层的道德冲突，我们可以由此看清命令、服从与执行的关联。

◎——立刻行动 ▷ 高明下令！

图 16　米尔格兰姆电击实验

服从权威

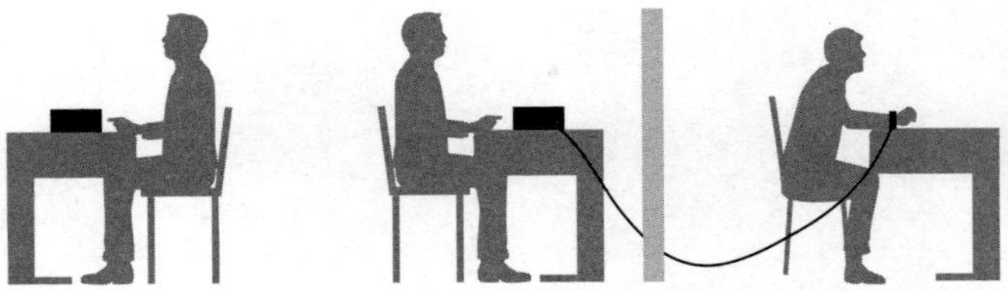

实验者

• 下令施予电击。

受测者

• 按下开关，遵守实验者的指令。

• 能够反思这是一种虐待他人的行为。

实验室的学生

• 表演“哭泣”。

试着应用吧!

根据米尔格兰姆电击实验的结果，人们发现通过电话来下令，对方服从命令的比例偏低。因此当你工作上要委托不太牢靠的对象时，不妨当面要求对方，也许对方比较容易接受。

斯坦利·米尔格兰姆

美国社会心理学者，哈佛大学博士。因在耶鲁大学进行的“服从权威”的电击实验而成为全球知名学者。这项实验也被称为“阿道夫·艾希曼（Adolf Eichmann）实验”[1]，它说明，好人也会因为服从权威而做出伤天害理的事情。

1. 阿道夫·艾希曼，纳粹德国的高官，在犹太人大屠杀中执行“最终方案”的主要负责者。该实验曾被改编为电影。

丧失掌控感？
人有选择权，就会有力量

何谓掌控感？

大家都知道什么是控制，而心理学中对其也有多种定义。其中之一是关于自我能力与主动性的感觉，该定义在心理学中具有正面积极的意义。

“老人之家”的实验

美国老人之家曾进行过一项心理实验。

实验对象为60岁以上的年长者，分为实验组与对照组。前者在老人之家的房间里放置植物盆栽，请老人照顾，并且让他们自行决定什么时候去看电影。对照组则让老人之家的员工决定家具的摆设、活动的时间。最后发现，实验组老人们的生活由于更具主观性（自我评断），相较于对照组更具客观性的生活方式（由员工评断），使得他们更有活力。

1976年，埃伦·兰格（Ellen J. Langer）与朱迪斯·罗丁（Judith Rodin）对上述的实验结果进行进一步的研究，使该实验在心理学界名声大噪。

他们之后也陆续追加了相关的实验，希望在自己的能力范围内为增进老年人健康与增长寿命做出贡献。

其实，对掌控感的需求不仅限于老年群体，每个人都希望在自己能力所及的范围内自己做决定，即使是小孩也是如此。

◎——立刻行动 ▷ 自己做决定！

图 17　掌控感

人有选择权，就会有力量

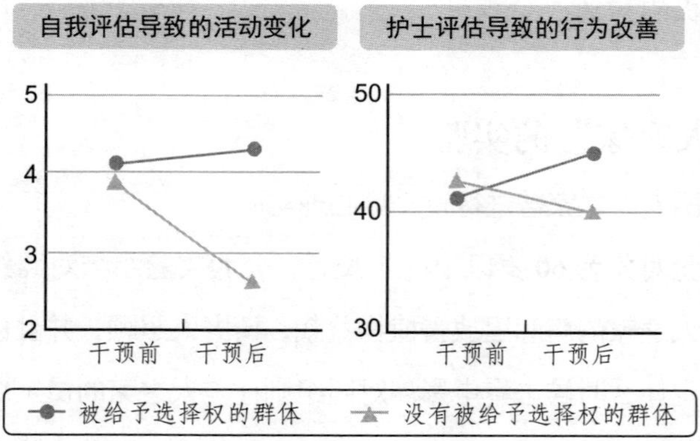

资料来源：Rodin, Judith & Langer, Ellen J.(1977). Long-term effects of a control-relevant intervention with the institutionalized aged. Journal of Personality and Social Psychology, 1977 Vol. 35(12), 897-902.

试着应用吧！

当自己为自己做决定时，身心状态要好于别人替自己做决定时。无论在职场或家中，对某件事拥有决定权，会让自己感到压力没有那么大，记住这个通则绝对不会错。

埃伦·兰格

哈佛大学心理学教授。曾发表超过200篇论文，兼具画家身份，同时作为“正念”（mindfulness）理论的推广者很有名气。

缺乏干劲？
别想一蹴而就，树立“爬楼梯”思维

何谓自我效能感？

人们的干劲总是微妙地变动着，当然，“干劲”这两个字也有模糊不清的地方。即使如此，在职场上或是心理学的世界里，是否发挥干劲与是否高明地设定目标大有关系。

当提到高明地设定目标可以提高干劲时，经常会用到的概念就是“自我效能感”。根据社会认知论学者阿尔伯特·班杜拉（Albert Bandura）的说法，为了提高自我效能感以及目标达成率，与其眼高手低，设定远大的目标，不如设定具体可达成的目标。

将这个方法应用于工作，就是将长期项目分成几个小区块，例如分成月或星期，就能有序地推进。使自己始终朝着设定的目标前进，就能收获自我效能感。

自我关联与课题关联

是否能达成远大的目标，在一定程度上取决于你当下处在自我关联还是课题关联中。也就是说，因受到他人赞许而挑战，与对课题本身有兴趣所以挑战，对结果会产生一定的影响。

心理学上认为课题关联，就是对于课题本身有兴趣所以挑战的人更容易获得成功。不过实际情况究竟如何？例如在做公司的某个项目时，虽然项目本身是很有趣的，但也不能忽略员工想受到同事与主管夸赞的心情。

不过，如果是长期项目，就没有办法一直从他人口中获得夸赞，因此，从这个意义上说，对于课题关联的目标意识较强的人，更容易获得实际的成果。

◎——立刻行动 ▷ 可达成的目标！

图 18　自我效能感

利用自我效能感提高绩效

试着应用吧！

若有长期目标或想达成的课题，请这样做：

·将最终目标以数字表示；

· 将最终目标切分为每个星期可达成的小目标，
这样就能随时确认自己是否正朝着目标前进。

阿尔伯特·班杜拉

出生于加拿大，就读于爱荷华大学研究所时开始研究学习理论。之后担任斯坦福大学教授，是影响世界的心理学者之一。他以“模仿学习原理（modeling）”为基础，发展社会学习理论，此外，他也从心理学的角度研究家庭暴力与媒体之间的关系。

人际内耗？
多一点实干精神，少一点人情世故

何谓“场合”？

日本有一本畅销书《纵式社会的人际关系》（《タテ社会の人間関係》），作者中根千枝指出，日本特有的纵式组织并不是因为彼此有类似的“资格”而形成，就如同杂牌军一样，这样的组织想要有凝聚力是很困难的。

为了团结这些身处同一个组织的人们，就要有一个大家都能参与的和谐氛围（例如大家一起吃饭），借由大家一起做一件事情以凝聚向心力。

贡献能力就够了吗?

为什么上述“日本型组织”的特性，使得那些认为只向组织贡献工作成果就够了的人，会受到他人的厌恶?

毕竟组织里的成员年龄、学历与价值观不尽相同，因此维持“因为属于同一个组织所以尽全力贡献”这种认知是一件相当重要的事情。倘若没有这样的认知，在组织中就很容易成为被批评的对象。

为了能在职场上生存，员工经常要面对超时工作与加班的情形。日本企业要求员工将情感奉献给公司，管理者以为这样就能更好地加强组织力，但事实上，这样做反而会引发组织内部“非理性判断”的问题。

◎——立刻行动 ▷ 衡量当下所处的情境！

图 19　纵式社会

“场合”与“感情”优先

		纵式社会（日本）
案例	社会	归属单一
	公司	资历
理论	原理	感情／场合
	组织结构	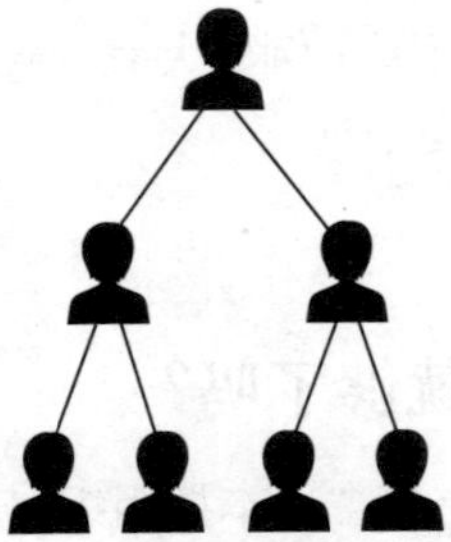

日本型组织认同的是只要在相同的“场合”就是“组织成员”。但也要求组织成员必须投入感情。

资料来源：《纵式社会的人际关系》（タテ社の人間係），中根千枝著，讲谈社出版。

试着应用吧！

试着不考虑场合，只想着取得成果而采取合理的行动。

中根千枝

1926 年生于东京，她于东京大学文学院东洋历史系毕业之后，前往英国伦敦大学专攻社会人类学，曾任东京大学东洋文化研究所所长，获颁东京大学名誉教授。

习得性无助？
打破创伤枷锁，勇敢采取行动

何谓习得性无助？

马丁·塞利格曼（Martin E. P. Seligman）在1975年首度提出“习得性无助”的心理现象。

他将一条狗围在一个无法逃离的环境中，无论狗做任何反应都给予电击。之后再将狗移往只要按下按键即可停止电击的环境，然而，这条狗仍然不做任何反抗地接受电击，也不想逃走。

因为这条狗在经历了无法控制的创伤之后，失去了反应的动机，所以即使有结束电击的方法也很难学会。

对动物来说，习得性无助感一般会造成生理需求衰减、体重减轻或溃疡等问题。

容易造成误解

塞利格曼认为，人类罹患忧郁症与历经习得性无助感的狗在心理机制上有相似之处，也就是说，忧郁症患者苦于重要的工作失败、慢性疾病、丧偶、失恋等，他们会形成即使努力也无法控制结果的想法。

忧郁症患者与上述实验中的狗的共通点在于，他们都认为自己的行动与不幸的现实之间永远画着等号，有着永续的因果关系。但实际上这是错误的认知。

◎——立刻行动 ▷ 列出可能性！

图 20　习得性无助感

觉得学习无用

狗遭到电击时觉得不舒服，因此正常状况下会逃到非通电区，然而，由于狗在通电区已经“学到”逃不掉，因此就会一直站在通电区。

试着应用吧！

在无法提高行动力时，不妨将自己讨厌的事情写下来，然后想想自己对此是否能够采取什么行动？

马丁·塞利格曼

美国心理学者，1967 年获宾夕法尼亚大学博士学位，之后担任该校教授。他通过习得性无助的实验揭示了广泛的悲观主义与忧郁症之间的关系。其后又展开了关于乐观主义与幸福感和健康之间关系的研究，并出版相关著作，是正向心理学的先驱。

03

引爆团队执行力的管理心理学

身为团队的一分子，理应了解如何具备良好的工作动机，这些都是属于社会心理学的范围，事实上，团队管理以及关于组织的种种，也能用上心理学知识。本章带你进入以社会心理学为基础的产业心理学领域，了解拓展项目更有效的方法、凝聚团队的诀窍以及身为领导者必须留意的事项。

员工“混日子”？分组负责制，让每位成员都成为项目的关键

何谓社会性惰化？

策划案迟迟没有交付，明明相关参与应该对其严重性有所认知，却依然从容淡定，这个时候管理者最先应该做的事情就是确认参与者的人数。

在社会心理学领域，有这样一种现象，即在团队进行合作工作时，每一位成员投入的努力程度会随着人数的增多而减少，这就是社会性惰化（Social loafing）。

社会性惰化现象说明，团队人数愈多愈容易有人偷懒。著名的社会心理学者比伯·拉坦纳（Bibb Latane）进行了一项实验，他先让个人单独进行作业，然后再跟他说“大家一起做”，结果这个人就开始偷懒。而且随着团队人数的增加，偷懒的情形也愈明显。

想要防止社会性惰化，减少团队人数并不是个好方法，正确的做法是，要明确地告诉大家：每个人都是团队的一分子。如此就可以激发大家的干劲。

小团队的理想人数：5 人

究竟一个团队有多少人才是最理想的？其实并没有绝对正确的答案，一般都是依据项目规模而定。不过，根据社会心理学的研究结果显示，团队的最小单位如果超过 5 个人，生产力就会降低。

团队越大，就越容易造成“能者多劳”的现象，不仅容易引发社会性惰化现象，也会让那些贡献少的人养成“搭便车”的不良习惯。

◎——立刻行动 ▷ 团队人数控制在 5 人以内！

图 21　社会性惰化

防止团队“惰化”

以 14 人的团队为例……

将团队分为三组

团队人数过多，容易造成有人偷懒，甚至搭他人劳动的“便车”的问题。如此一来，团队的生产力就会降低。

试着应用吧！

大型组织应将人员分组，每组控制在 5 人以内。

比伯·拉坦纳

美国的社会心理学家。1963 年取得明尼苏达大学博士学位，研究当有人在身边时对个人心理的影响，后来提出“旁观效应”。根据研究结果显示，旁观者越多，大家越显得事不关己。

经验失灵？在变化中寻找新思路

何谓迷信行为？

心理学家伯尔赫斯·弗雷德里克·斯金纳（Burrhus Frederic Skinner）曾进行过一个研究制约行为的实验。他将鸽子放在一个设置机关的箱子里，让鸽子学习当蓝灯亮起时就会弹出饲料这个现象，这就是有名的“斯金纳箱”（Skinner Box）[2]。

事实上，在这项实验中，鸽子做了什么动作对是否能得到饲料毫无影响，只要蓝灯亮起，饲料就会自动弹出，时间长达15秒。结果鸽子做出各种动作，例如摇头晃脑，它以为这样做就会有饲料弹出来，而这只是鸽子的误解，即以为“只要我摇头晃脑就会有食物吃”。

谨慎分辨你的成功经验

斯金纳的这项实验被称为“迷信行为”实验，自己的行为明明和“饲料是否弹出来”毫无关系，却让人有此误解。

---

2. 事实上，斯金纳这个实验是以老鼠为实验对象，而非鸽子。

两件明明没有关联的事情，却会因为自己的主观观念而形成迷信。就像是某日偶尔撑伞出门遇到了真命天子（天女），之后即使是大晴天也会撑伞，认为自己可以因此有中大奖的好运。

在职场或商场上，大家经常会说“不要将成功经验紧抱不放”，这真的是两难。因为“唤起”成功体验与采取必要行动之间，往往不容易划清界限。明明和成功的结果之间没有任何因果关系的行为，人们却会迷信它，而不断重复没有意义的行为，只是造成时间的浪费罢了。

◎——立刻行动 ▷ 舍弃“成功经验”！

图 22　迷信行为

有些成功经验并非获得成功的真正原因，
但人们却深信不疑且付诸行动

动物以奇怪的路线行走后竟然找到了食物，之后也会重复一样的路线。

试着应用吧！

虽然人们常常说“不可沉迷在成功经验中”，但这并不容易做到。我们可以将这些经验写下来，之后反复阅读，通过时间和更多的经历来验证它。

伯尔赫斯·弗雷德里克·斯金纳

1931年取得哈佛大学博士学位，借助“斯金纳箱”研究制约行为，是行为心理学领域的代表学者。年轻时曾经想当作家，成为心理学者之后，曾出版小说《瓦尔登湖第二》（*Walden Two*）。

工作太乏味？
认知带来认同，认同引发价值

何谓认知失调？

有这样一个实验，可以解释什么是认知失调。

先请一个人做某个极度无聊的工作；然后再请一群人做很多困难的工作，并要让这些做困难工作的人们对那个做无聊工作的人说谎：

“这个工作好有趣，有趣到让人忘了时间。”

之后给其中一位说谎的人 100 日元，其他说谎的人则给予 2000 日元。

接下来，不可思议的事情发生了。获得 2000 日元的人们虽然说谎，但真心话却是“那个工作实在很困难。”但是仅得到 100 日元的人却认为“那个工作真的很有趣”。也就是说，明明一开始是在撒谎，最后却成了真心话。

自我正当化

为什么会这样呢？主要是因为只领到 100 日元的人，并不想仅仅只为了 100 日元而说谎，但又因为拿了钱而不得不说，所以就让自己认同“这工作很有趣！”

其实有个方法可以化解不想说谎这件事情，那就是不要认为自己在说谎，而把它当成真心话说出来就好。因此只要说“工作很有趣”，而且打从心底里相信就好。

另一方面，领到 2000 日元的人们，因为心想“既然领了 2000 日元，说谎也是没办法的事情”，所以他们认为，说“这个工作很有趣”，只是合理化领取报酬的借口。

◎——立刻行动 ▷ 一旦决定就别烦恼！

图 23　认知失调

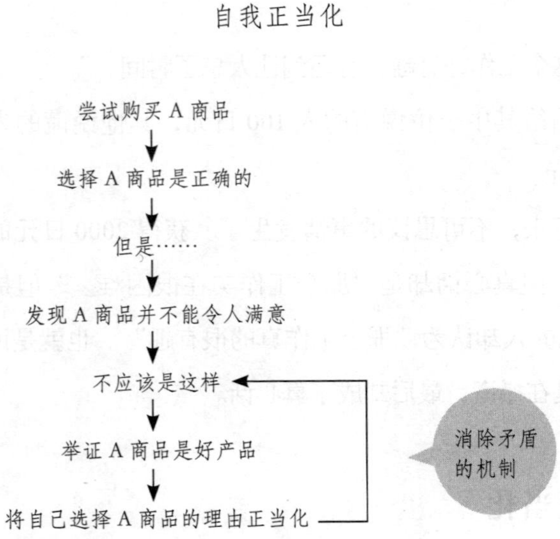

试着应用吧!

团队成员对于项目没兴趣，而作为管理者希望他们能积极一点，此时不妨列出两个相似的项目，并引导大家选出其中较好的一个，这样就能帮助大家相信“选出来的那一个很有趣”。

利昂·费斯廷格（Leon Festinger）

美国心理学家，就读于爱荷华大学期间跟随库尔特·勒温学习（Kurt Z. Lewin）。1942 年取得儿童心理学博士学位之后，先后担任麻省理工学院、明尼苏达大学、斯坦福大学教授。后来成为实验社会心理学新领域的先驱。

士气低迷？
关注谁，谁就会进步

何谓霍桑效应？

“霍桑研究”是美国西方电气公司霍桑工厂进行的实验的统称。起初主要研究的是灯光亮度、休息时间、工时等变量对工厂劳工生产力的影响。

但在实验进行期间，却出现意料之外的结果，研究员首先假设明亮的灯光可以提高生产力。但很快他们就发现，即使灯光昏暗也照样能够提高生产力；而且不论休息时间的长短，都可以提高生产力。

后来他们发现，不论工作条件如何调整，都不会影响生产力。一连串的实验竟然找不到外部因素与生产力之间的因果关系，但即便如此，劳工的生产力依旧较以往有所提升。

也就是说，这个研究从初期实验的设计到实验结果都是完全失败的，但是参加实验的埃尔顿·梅奥（Elton Mayo）却从中发现了一个划时代的假设。

每个人都希望受到团体的关注

提高工厂产能的关键，在于自己受到他人的关注并且参与实验。

上述的假设在当今的产业心理学看来理所当然，是常识，但这对当时而言意义非凡。团体的每一分子都希望受到认同，与成员之间相处得愉快与否也会对他们的生产力产生很深的影响。

◎——立刻行动 ▷ **同伴意识！**

图 24　霍桑效应

人人都希望自己受到团体的认同

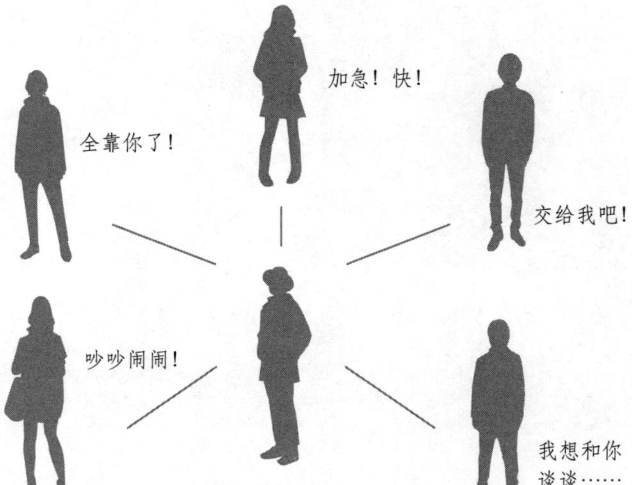

试着应用吧!

要想提高团体士气，就要让每个人都觉得自己是其中的一分子。当然，比起毫无意义的实验，管理者最好组织大家展开一些与提高生产力有关的实验，你会发现，光是这个实验本身就能提高士气。

埃尔顿·梅奥

1880年生于澳大利亚的心理学者，20世纪30年代担任哈佛大学产业心理学教授时，与社会学者弗里茨·朱利斯·罗特利斯伯格（F. J. Roethlisberger）一同参加霍桑实验，针对组织内人类感情的重要性提出假设，因而成为人际关系论的先驱。

效率低下？
高期待能唤起成员自我实现

何谓皮格马利翁效应？

皮格马利翁（Pygmalion）源于希腊神话。皮格马利翁效应指的是老师对于学生有所期待，学生就会努力表现，拿到好成绩。即使学生不晓得老师的期待（或者即使学生并非真正的优秀）也一样有效。

罗伯特·罗森塔尔（Robert Rosenthal）提出了一个这样的实验：他选了一批小学生，并对他们进行智力测验。这些题目其实只是普通的智力测验题，但研究员却对老师声称那是“哈佛大学式启发学习力测验”，可以预测一年之后学生进步的程度。

在学生完成测验后，研究者随机（并非以成绩）抽出 20% 的孩子作为实验组，然后跟教师们说这批实验组学生是“资优儿童”。一年之后，研究人员再为这些实验组学生测试智商，发现其平均增长率明显高于其他学生。

美梦成真、点石成金

社会心理学有许多类似实验，这就像是“自我应验”：先预测结果，之后根据结果行动，结果当然如同预测一般。就像生活中总认为自己体弱多病的人，之后果真会生病一样。

当老师对于特定的学生投以关心时，即使老师并没有特别地表现出来，但学生仍能感受到，这就会影响这个学生的学习动机和成果。也就是说，老师只要稍有关心并抱持肯定的态度，就会对学生的成绩有正面影响。

◎——立刻行动 ▷ 有志者事竟成！

图 25　皮格马利翁效应

交出符合他人期待的成果

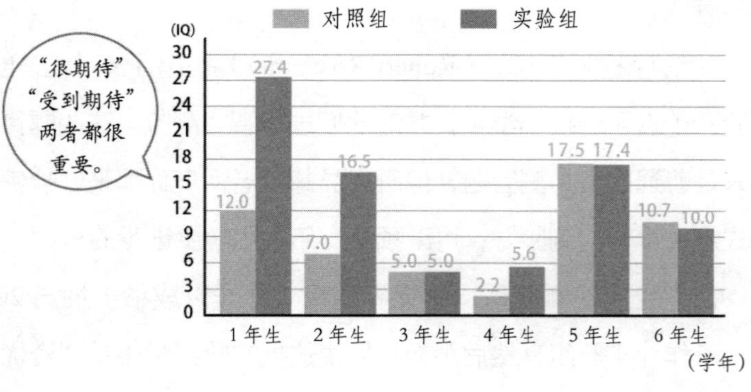

试着应用吧！

要用好皮格马利翁效应也有一定的技巧，虽然他人的期待很重要，但是让教师（或主管）拥有期待的动机也是很重要的。在职场中，主管要对具体的事情表现出积极的期待，例如：思考“希望下属尽快完成工作，身为主管应该做些什么？”这类问题的答案。

罗伯特·罗森塔尔

美国心理学者，哈佛大学教授。以自我应验预言的实验（与皮格马利翁效应类似）闻名世界。他发现，在这类心理实验中，受测者会做出符合实验结果的行为。

延期交付？
“自我设障”不是借口

何谓自我障碍？

在预期到重要的任务可能失败时，人们经常会做出妨碍手边工作进度的事情，并且强调是因为别的事情阻碍了任务的进度，这就是自我障碍。

最具代表的例子是：喝酒、通过无意识的努力来给自己的选择创造理所当然的条件、强调心理上的不安或身体不舒服、生病等因素对事件的影响。

做报告时没有自信、无法疏解紧张的情绪，这种现象很常见。因为我们很难在时间不够的情况下做好万全的准备，在这种情况下，很多人就会想：“如果成功了就能证明自己的能力，如果失败了，也是因为熬夜所致，那也没办法。”

“自我障碍”的妙用

自我障碍也可以当成“策略”来使用，比如在以下场合：

• 想完成课题并且获得好评却没有自信时。

• 无法确认自己是否能够坚持到最后时。

• 在得不到主管认可，又希望维护自尊时。

◎——立刻行动 ▷ 切莫先入为主！

图 26　自我障碍

自己制造出达成工作目标的阻碍

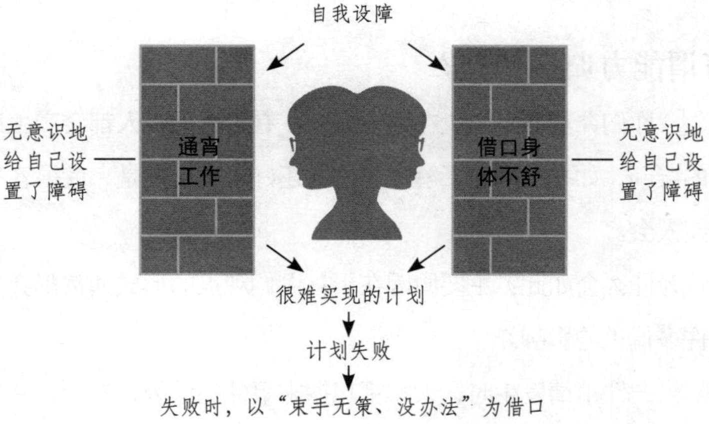

试着应用吧！

自我障碍发生在职场中，最常见的现象就是“预测自己做不到”。如果不想受制于自我障碍，不妨好好思考，自己是否先入为主地认为自己无法达成目标，在不知不觉中筑起障碍。

罗伯特·阿尔金（Robert Arkin）

1976 年取得南加利福尼亚大学博士学位，主要研究社会心理学的归属理论。此外，他也从自我启发、自我暗示理论展开自我障碍相关课题的研究。

同事真讨厌？偏见者就事论事，明智者辩证考察

何谓能力归因错误?

“你们究竟懂不懂我在说什么？”有时候很多人都会产生这样的疑问，如果是面对了解自己的人还好，万一不是，就很容易引起误会。

为什么会如此？主要原因在于：人们观点的形成通常都会受到许多偏见的影响。

当一件事情发生时，大家都想探求事件的成因，然而，并非所有人都能以公正无私的态度来求证。就像当自己讨厌的人成功时，我们就会说对方“只是凭着运气好”“大家没眼光”，而不是归因于当事人自己的才华与努力。

观察者并不知情

归因错误也称为“行动者和观察者偏见”，早上赶着上班时，走在后面的人撞了你一下，却没有道歉，你可能会认为对方性格粗鲁、没礼貌。这就是观察者偏见。

这个撞到你的路人，有可能当天是为了赶上重要的会议而急忙奔走，他在平常可能并不是这样的人。

一般而言，观察者看到人们的行为就会认定那就是他的性格，将这个人的行为归因为性格所致。而行动者主要诉诸的是当下状况，例如：现在是这样的状况，所以只能采取这样的行动。

◎——立刻行动 ▷ 别再误解！

图 27　归因错误

行动者和观察者偏见

试着应用吧！

当看到别人有不好的行为时，就归因于是“对方的性格不好”，或把行为与性格画上等号，这是一种偏见。

弗里茨·海德（Fritz Heider）

奥地利裔美籍心理学家。1920 年获得奥地利格拉茨大学哲学博士学位。1947 年任教于美国堪萨斯大学。主要研究人如何观察别人的行为并找到合理解释的过程，之后发展为归因理论。

团队执行力弱？
简单任务交给集体，钻研任务交给个人

何谓社会促进效应

根据1900年之前的研究显示，当一个人和他人共同行动时，或是得到对方认可，并与对方产生眼神交集时，都能提高工作效率。

然而，大家应该都有过类似的经历：和某些人一起工作可以增进效率，而和另外一些人在一起反而会拖慢进度。

罗伯特·扎荣茨用克拉克·赫尔（Clark L. Hull）关于提高动机水平的研究来解释前述现象的形成原因。也就是说，成功提高动机水平就能够让事情顺利地进行下去，反之则否。

正负面作用均有

动机水平或是觉醒水平的提升，主要依靠紧张反应，而不是主观的意愿。较容易达成的课题也会较容易引起紧张反应，因此就能提高动机水平。相反地，如果没有自信面对较难的课题，即使引起紧张反应，也会导致失败。

麦克维克·亨特（J. McVicker Hunt）等人曾以上述结论为假

设进行实验，他们分别用简单的和复杂的迷宫来进行测试，发现在做简单的迷宫题时，一群人一起做比一个人单独做更容易破关，但是，复杂的迷宫则相反。

◎——立刻行动 ▷ 以难易程度来选择！

图 28　社会促进

单独行动与集体行动

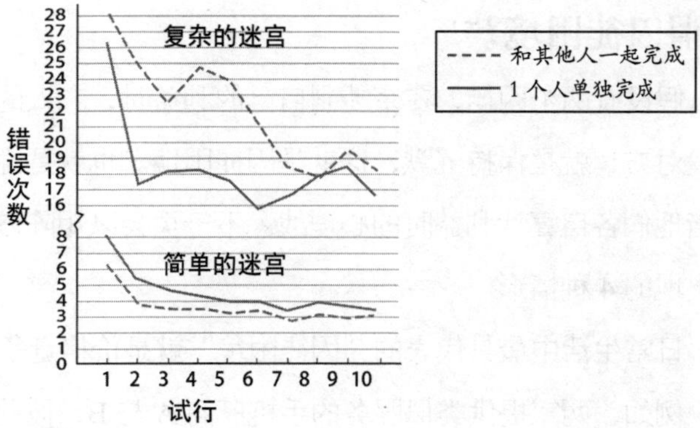

试着应用吧！

通常，较为困难的课题交给一个人完成，成功率更高，而相对简单的课题交给一个团队来完成，则效率更高。

克拉克·赫尔

美国心理学家，威斯康星大学心理学哲学博士。受到约翰·华生（John B. Watson）的影响，提出新的人类行为 S-O-R 模式（刺激、个体生理与心理、反应），将人类的行为以数学方程式表示，后来出版《行为原理》（*Principles of Behavior*）一书。

恶性竞争？
好的人际关系，是利益均衡分配

何谓囚徒困境？

假设有两个囚徒，在牵涉到自己的利益时，二人的行为不是揭发对方，就是保持沉默，这就是囚徒困境。也就是说，这是一场当他们各自算计利益时的心理战。下一页会以矩阵方式列出可能出现的 4 种情形。

日常生活中最具代表的“囚徒困境”就是价格竞争。

例如，两家提供类似服务的手机厂商 A 与 B，彼此都认为降价是有效的销售策略。

然而，如果两家都降价，彼此的客户数就不会有明显增加，只会造成营收减少，在这种情形之下，彼此商量维持现在的手机价格是双赢的策略，但如此一来就不是竞争。因此，如果其中有一方“背叛”对方，就会造成另一方的损失，所以维持目前的价格并不能说是最安全的价格策略。

像这样的情形就是“囚徒困境”。

如何善用囚徒困境?

美国政治学家罗伯特·阿克塞尔罗德（Robert Marshall Axelrod）提出的囚徒困境就是这种情形。他以计算机模拟某一“囚徒困境”事件中各种可能出现的情况，然后找出对每个人而言最有利的策略。他让心理学专业人士组成一个彼此对抗的项目组，然后观察他们之间如何“互斗”。

最后的结果非常有趣，参与者们一开始呈现彼此合作的关系，之后便“以牙还牙、以眼还眼”。也就是说，最后胜出的人，采取的策略是，对方跟自己合作就帮助他，如果背叛自己就以其人之道，还治其人之身。

◎——立刻行动 ▷ 采取简单的策略！

图 29　囚徒困境

学习竞争策略的基础

	对方：保持沉默 	对方：揭发 
己方：保持沉默 	两个人都不揭发对方，双方都要坐牢 3 年。这是双方提前达成一致的结果。	己方遵守约定保持沉默，而对方背叛自己，则揭发者因为立功而获释，自己则获刑 10 年。
己方：揭发 	己方揭发对方，而对方沉默，则自己因为立功而获释，沉默者则获刑 10 年。	双方互相揭发，二者都获刑 7 年。

此为典型的囚徒困境。双方一旦入狱，便无法沟通。不论是保持沉默还是揭发对方，都无法保证为自己争取到最大的利益。因此最终结果取决于对方的阐述。

试着应用吧！

对于苦于人际关系，不晓得应该怎么做的人来说，不妨先把自己与他人的行为单纯地分为合作与背叛两种。把这些人及他们可能会做出的行为放在上图的矩阵里，使双方利益关系可视化，就会很清楚他人与你之间最可能出现合作还是背叛。如此一来，就能找到人际迷宫的出口。

罗伯特·阿克塞尔罗德

美国政治学家，但一般人误以为他是心理学家。为了研究人们之间的合作关系，他曾组织过一场计算机竞赛，所有参与者都会扮演“囚徒困境”中一个“囚犯”的角色。他们将自己的策略编入计算机，然后由程序自动分组，之后每个人都要在合作与背叛之间做出选择。该项研究对于社会心理学的发展有莫大的影响。

屡遭拒绝？
想自证“好人”时，更愿意帮助他人

何谓登门槛效应？

你可能知道“打蛇随棍上”这句俗语，这也是登门槛效应的别称。

如何请同事帮忙做一件看似对方不会答应的事情呢？技巧就在于先拜托小事，再拜托大事。我曾经用这个方法成功地在羽田机场达成自己的目的。

自我认知理论

之所以用上述技巧就能达成目的，是因为，通常人们只要开始接受小的要求，就不会感到大一些的要求有什么难度。自我认知理论就很好地诠释了这种心理背后的机制。该理论指出，在报酬与感情引发的行为还不明确时，人们会由自己的行为推论自己的态度，并且以此解释自己的行为。

也就是说，当自己接受了别人的请求后，就会自行推论出“我是个好人”，接着就会把“做好人”这个行为持续下去。

其实，我们自己也不太清楚为什么一开始会接受别人的请求。但正因为不清楚，所以一旦接受了，就会以为自己是个乐于助人的好人，并持续帮助别人。

◎——立刻行动 ▷ “得寸进尺”！

图 30　登门槛效应（渐进式请求法）

让人愿意帮你的忙

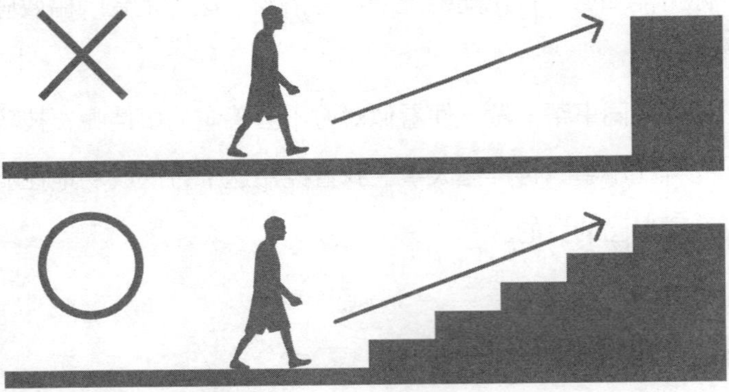

将容易被拒绝的请求分阶段提出，就更容易达成目的。

试着应用吧！

渐进式请求法的应用范围很广，而成功的关键在于：不达到最终目的绝对不给予报酬。例如，我在机场填问卷时，如果在领到笔后就交上问卷，就不会有申请到联名信用卡的机会。

达里尔·贝姆（Daryl J. Bem）

康奈尔大学的心理学教授，与妻子桑德拉·贝姆（Sandra Bem）同为社会心理学家。由于达里尔也具有魔术师的身份，因此他也进行一些超心理学相关的实验。

团队信任危机？
探入潜意识，不着痕迹的激励更有效

何谓启动效应?

不知道什么是启动效应的人，可能连潜意识（subliminal）是什么也不知道。最经典的例子就是，在看电影时，当影片中间播放爆米花的广告后，看完电影的观众就会想吃爆米花。

如果之后追加测试，效果就会打折扣，甚至完全没效果。

心理学家约翰·巴奇（John Bargh）进行了一连串奇妙的实验来证明潜意识对人的影响。其中有一个实验，是以调查语言能力为名义，让受测者玩含有“皱纹”“退休”“门球”等词语在内的填字游戏，没想到，这些受测者在游戏结束后，走路的速度就开始变慢。原来他们根据这三个词语联想到了“老人”。

相较明显表示，不着痕迹更具效果

光是联想到“老人”这个词，脑海中就会产生“行走缓慢”的潜意识，从而直接影响到自己的行为。虽然这听起来非常不可思议，但已有许多心理学者提出了相同的看法。

不过，这种潜意识对人的影响并不容易被察觉，甚至没有被察觉却受到的影响甚深。

◎——立刻行动 ▷ 善用联想！

图 31　启动效应

先受到的刺激影响更强

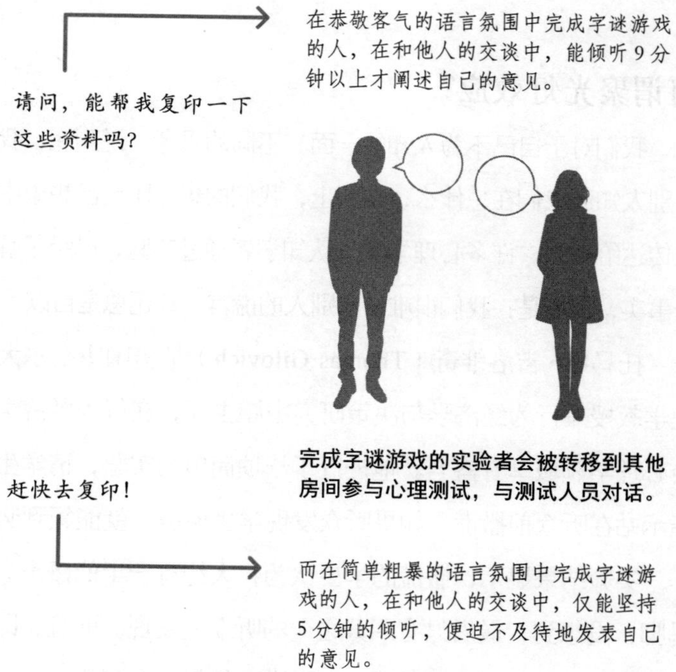

试着应用吧！

当管理者想要提高公司或团队的行动力时，可以在言语中多加入一些关于奖金、达成目标等语句。如果团队成员没有明显的察觉，激励效果则会更好。

引发误会？
别怕尴尬！直接沟通

何谓聚光灯效应？

我们对于自己不为人知的一面有不同的思考。说到底，我们以为别人知道我们在想什么，实际上，我们的想法比自己想象中的更难传达给对方。许多心理学者与认知学者通过实验，已经了解了一个事实，那就是：我们很难看穿别人的谎言，却还总是自以为是。

托马斯·吉洛维奇（Thomas Gilovich）是美国康奈尔大学心理学教授兼行为经济学与决策研究中心主任，在行为经济学和社会心理学领域享有盛名。他进行了一项简单的实验，请学生根据指示站在听众前撒谎，如果听众发现学生说谎，就能领到奖品。

实验结果显示，撒谎的学生认为，大约有一半的概率会露出马脚，没想到，最后只有四分之一的听众能发现。而且，即便听众每 5 人之中有 1 人知道学生在说谎，但仍心存疑问。

想太多而无法沟通

人的内心深处的想法很难传达给他人。但一般来说，我们都高估了自己受人注意的程度，以为他人的目光会聚集在自己身上，这就是所谓的聚光灯效应。

那些追求所谓的“心有灵犀一点通”的人，或多或少都对沟通有所误解。经自己反复思考的事情巨细无遗地向他人传达，都有可能无法获得理解，怎么可能“心有灵犀一点通”。说实在的，别人自顾不暇，哪有时间注意你。

◎——立刻行动 ▷ 努力沟通！

图 32　聚光灯效应

自己的想法无法传达给他人

生活中经常会出现与他人沟通艰难的情况。

试着应用吧！

聚光灯效应对改善职场沟通有很大启发。当与同事沟通时，就要有沟通到“说到嘴巴都破了”的决心才行。因为双方都有可能对沟通的内容产生误解，事实上，这个世界上并没有所谓的“心有灵犀一点通”这回事。

04

激发创意奇迹的启发式心理学

当今时代，创新能力是一个人在职场中保持竞争力的核心能力。要创新，就要有好的想法。深蕴心理学从比较容易察觉心理状态的角度切入，让我们更容易看见潜意识，从而将其激发出来，让自己灵光乍现，得到独特的点子。

灵感枯竭？
头脑风暴＋奥斯本检核表

何谓头脑风暴？

头脑风暴是一种帮助团队想出好点子的集体思考法。这一概念由亚历克斯·奥斯本（Alex Osborn）提出，在团队中进行头脑风暴时，需要坚持以下几个原则：

- 自由思考原则
- 延迟判断原则
- 量中求质原则
- 结合与改善原则

上述的原则确认之后，可以先请一位与会者带头提出想法。之后再请所有的与会者轮流提出自己的想法。直到收集到足够多的创意。

奥斯本检核表

除了头脑风暴外，奥斯本还提出了一种一个人便可独立完成的创造技法，被称为“奥斯本检核表”，只要一一回答表上的问题，就能想出好的点子。

该检核表可用于平常思考创意点、撰写广告文案等场合，可以说这是一种思考模式。想要让自己的创意工作更有效率，就要善用这种检核表。

◎——立刻行动 ▷ 不否定任何一个想法！

图 33　创意检查表

产生好点子的方法

奥斯本检核表

- [x] 1. **新用途（Put to Other Users）**：有没有其他用途?
- [x] 2. **运用（Adpat）**：能否引入其他的创造性设想?
- [ ] 3. **修改（Modify）**：能不能改变颜色或者外形等外部特征?
- [ ] 4. **放大（Magnify）**：能否使其变得更重、更厚、更长、更大?
- [ ] 5. **缩小（Minity）**：能否使其变得更轻、更薄、更短、更小?
- [ ] 6. **替代（Substitute）**：有没有其他的替代方案?
- [x] 7. **重组（Rearrange）**：是否可以重新排列、改变顺序?
- [x] 8. **逆转（Reverse）**：能否逆向思考或改变正反、表里思考?
- [ ] 9. **融合（Combine）**：能否和其他要素融合在一起?

试着应用吧！

在运用该检核表获取创造性设想时，务必抛开怀疑的眼光，试着相信自己的直觉。如果你正好从事文案创作工作，不妨立刻运用这个方法试试看吧！

亚历克斯·奥斯本

毕业于汉密尔顿学院（Hamilton College），曾从事多种职业，包括心理学教师。他因提出头脑风暴法、奥斯本检核表而闻名于世。

脑力透支？
让潜意识自动化你的灵感涌现

何谓深层意识?

深蕴心理学是专门研究那些人们在无意识下的行动的心理学分支。有别于表层意识，深层意识是一种超越对于自己所理解的愿望和想象的心理模式。但深蕴心理学并非潜藏于无法感知的意识深层，而是比意识更深层的无意识层面，当某一观念进入这一层面时，就有可能影响人的行为和立场。

创造的无意识

深蕴心理学的研究成果常作为精神分析领域中一些疗法的理论依据，后来也被作为引导人们自由思考、觉察自己真实想法的方法论。因此梦与自由联想法等应用深层心理的例子，与其说是治疗，不如说是一种创意思考。

首位将深蕴心理学应用在创意思考方面的人，是举世闻名的荣格。

可能有很多人会怀疑深层意识扩展到无意识世界之说，不过，记忆中确实潜藏着无意和偶然就会想起的旧有内容，甚至有时候，有意识时无法想到的答案会出现在梦里，这也是不容否认的事实。

◎——立刻行动 ▷ 意识到“不经意之间”的力量！

图 34　普遍的无意识

意识到无意识的存在

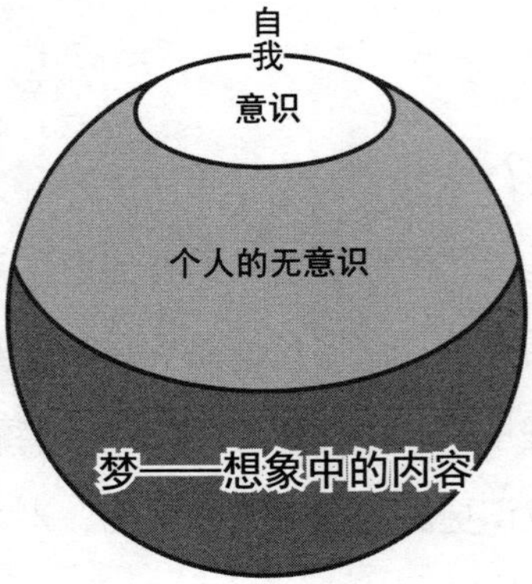

试着应用吧！

这一节主要谈论如何以前面提到的奥斯本检核表为基础，然后改变条件，尽量在意识的深层进行创意思考。当人们喝酒时、兴奋时、处在情绪低潮时或是待在黑暗的房间里时，都有可能迸发出灵感。

荣格：

瑞士精神科医师，分析心理学创始人。1900 年毕业于巴塞尔大学（Universität Basel），1907 年与弗洛伊德相遇，之后成为精神分析医师。当时曾被视为弗洛伊德的接班人，但其后与理论研究渐行渐远。

考虑不周？
用 KJ 法分类联想，可视化思维框架

何谓 KJ 法？

严格来说，KJ 法并不属于心理学。这是日本地理学者川喜田二郎所提出的创意法，对于心理学来说，也是有效的方法论。

KJ 法是一种用于整理复杂问题的方法，通过收集和分析大量信息，利用其内在的相互关系进行归类和合并，就能找出解决问题的新途径。

得出的结果可以为原本分散的信息建立结构，或是将原本以为没有关联的想法进行联结，进而引发新的创意。

KJ 法有效的原因

心理学者安德尔·托尔文（Endel Tulving）的研究成果显示，体系化的内容更容易被记住。他在实验中，将苹果、香蕉等许多词卡随机混合并向受测者展示，然后请受测者回忆刚刚看到的词卡内容，发现当记忆的内容成体系时，大脑的记忆负担会相对减轻。

当我们对外部事物或概念有所观察或理解时，由于在脑中的思考有限，得出的结论往往也不全面。

相反地，我们的大脑有一种思考癖，也就是脑中即使有许多观察事项与概念，但是因为思考有限，因此只能产生有限的结论或是假设。倘若可以用外部记忆的方式，将这些想法写下来，解放大脑，如此一来，就能够搭建出截然不同的架构。

◎——立刻行动 ▷ 将思考可视化！

图 35　KJ 法

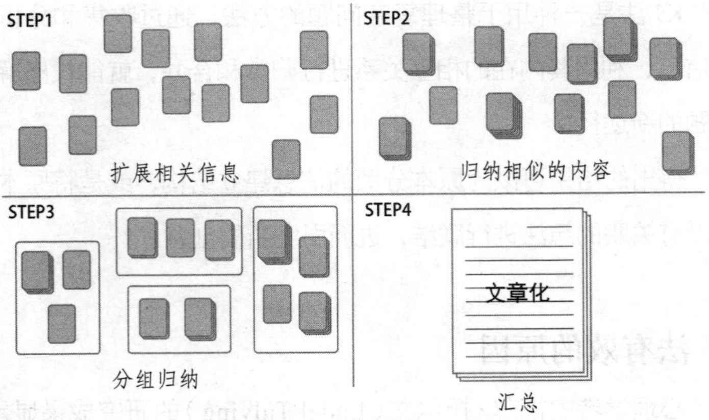

试着应用吧！

KJ 法是一种方法论，虽然不是严格意义上的方法论，但可应用的范围相当广，它是帮助大脑进行分类、联想等系统化思考的有效工具。

川喜田二郎

1920 年生于日本三重县，1943 年毕业于京都大学文学院历史系，后获理学博士。他长期进行亚洲各地的民族地理学、文化人类学等研究，是 KJ 法的创始者。

方案单一？
扩散思维、弹性思考、创意爆发

何谓创意

“创意”一词看似容易理解，但其实不然。

美国心理学家乔伊·保罗·吉尔福特（Joy Paul Guilford）将知性思考分为收敛思维与扩散思维。收敛思维是一种将各种信息聚合起来，朝同一个方向得出一个正确答案的思维方式，例如数学中用公式解题。

扩散思维

与收敛思维相反的是扩散思维，是一种沿不同方向探求多种答案的思维方式。例如为手边的道具赋予新的用途，这就是扩散思维。吉尔福特将创意的能力细分为以下 6 种：

1. 发现问题的能力
2. 灵活的思考力
3. 有弹性的思考力
4. 思考的独特性

5. 重组的能力

6. 加工的能力

在这 6 种能力之中，第 2 至 4 项（灵活的思考力、有弹性的思考力与思考的独特性），就是扩散思维。

◎——立刻行动 ▷ 观察有能力的人怎样思考！

图 36　扩散思考

发挥创意的方法

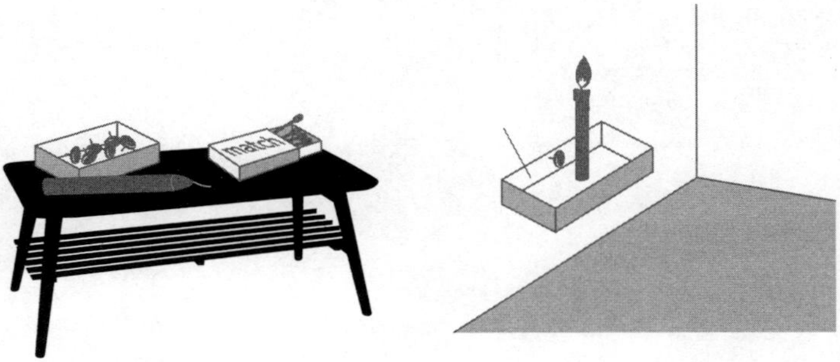

提问：

怎样将蜡烛、火柴盒用图钉钉在墙壁上，才能不让蜡油滴落在桌子上呢？

解答的关键：

是否具备如图所示的构思。

试着应用吧！

观察身边那些能将扩散思维运用在工作中且真正能提高效率的人们，他们就是吉尔福特口中具备灵活的思考力与有弹性的思考力的人，想想看如何向这些具有创意能力的人学习。

乔伊·保罗·吉尔福特

美国心理学家，康奈尔大学博士。他认为，人的智力结构由三种因素构成，即内容、操作和成果。若进一步细分，又可区分出 5 种内容（视觉、听觉、符号、语义和行为）、5 种操作（认知、记忆、发散思维、会聚思维和评价）及 6 种成果（单元、类别、关系、系统、转换和蕴含）。这就是智力三维结构模式理论。

无计可施？从相似事物中类推经验的解题思路

何谓类推

类推是指，当两个对象在某些方面相同或相似时，通过比较而推断出它们在其他方面也具有相同点的推理过程。

类推最简单的公式是：

A：B＝C：D 的形式表述

红茶：冰红茶＝咖啡：X

求 X 是什么？

答案是冰咖啡。这就是类推。

从类推到创意与发明

最常用来说明类推与激发创意的例子，就是太阳系与原子的关系。

太阳系中，太阳的质量较大，金星与地球的质量较小。太阳与地球等其他行星彼此牵引，质量较小的星球绕着质量较大的星球运转。

根据类推的方法，我们可以从特征上由太阳系联想到原子。原子的形态与太阳系非常相似，它由质量较大的原子核和电子组成。原子核与电子相互吸引，使电子绕原子核运转。

除太阳系和原子的关系以外，也有鸟和飞机、心理学的意识结构与浮在海面上的冰山，或是心智图与脑神经细胞的结构，这些事物都可以依靠类推法联想起来。

◎——立刻行动 ▷ 找到类似的结构！

图 37　类推

找出类似结构的方法

肿瘤问题

一位医生在为一名患有脑部恶性肿瘤的病人诊断时，遇到了这样的难题：倘若使用足够强度的放射治疗，虽能破坏恶性肿瘤，但也会影响健康的组织。如果放射治疗强度不够，虽然对于健康的组织无害，但又无法完全破坏恶性肿瘤。

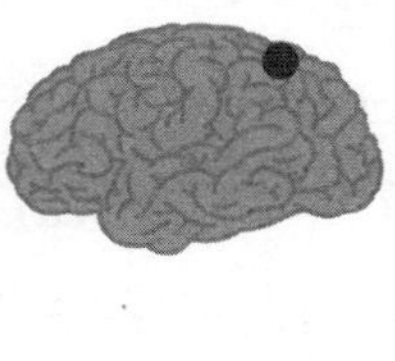

难易度 ㊔

智取要塞

某国的中央地区有一座独裁者的要塞，起义军首领想攻下这座要塞。

通往要塞的道路有许多条，但所有通往要塞的道路都埋设了地雷。

但很快起义军就发现，这些道路小队人马可以安全通过，但大部队通过时就会引爆地雷，甚至连附近的村庄都会受害。

后来，起义军的将军制定了一个简单的战略，那就是将军队分成小组，然后从多条道路一起进攻。最后成功攻克要塞。

试着应用吧！

你是否一直无法解决工作时间不够、钱不够用等问题？试着用类推的办法找出对策吧！

卡尔·登克尔

德国心理学家，在柏林大学、克拉克大学研究完形心理学。

千篇一律？
用水平思考法切换视角、颠覆常规

何谓水平思考？

英国心理学家爱德华·德·波诺（Edward de Bono）在20世纪60年代末提出了一个新的思考方式。他的著作《挑战水平思考谜题》（*Challenging Lateral Thinking Puzzles*）的出版曾一度引发热议话题。这本书中包含许多训练水平思考的推理游戏。

波诺指出，过去，人们往往更注重理性分析与思考。虽然理性思考能够培养人的逻辑能力，从而帮助人们更好地解决问题，但这种思维方式在需要创造力的工作中，则很难发挥出优势。特别是在遇到前所未见的新问题时，如果无法跳出过去的思维定式，就很难找到解决问题的办法。

切换视角

为了找到解决新问题的办法，培养自己活跃的思维，就必须要深入理解认知心理学中经常出现的“思维定式”这个概念。我们常常自然而然地将一些刻板印象套用在对新事物的看法上，这就是所谓的“思维定式”。因此我们也找到了创造性思考的方法——突破思维定式，转换视角。

“哥伦布竖鸡蛋”是水平思考的著名案例，“竖鸡蛋”也就成为打破“思维定式”制约的重要象征。

◎——立刻行动 ▷ 跳脱常识的思考！

图 38 水平思考

从框架中跳出来的思考方式

6人分6颗鸡蛋，1人拿1颗。最后，篮子里还剩下1颗鸡蛋，为什么？

因为最后一个拿鸡蛋的人连同篮子一起拿走了。

颠覆常识的思考法

试着应用吧！

水平思考法并不是所谓的脑筋急转弯，只是一般人很难做到。我们的思考总是受到惯性限制，因此要不断自我提醒，不可认为凡事“理当如此”。只有这样，才能跳出思维定式、激发创造性思考。

爱德华·德·波诺

他认为人脑是“自组织化的情报系统”，并由此提出“水平思考”的创意思考方式。此外，他也是“平行思考”（parallel thinking）与“六顶思考帽”理论的创始人。

运气不佳？
天赐良机来源于好奇者的细致观察

何谓偶然的幸运？

“偶然的幸运”（serendipity）一词出自 1754 年英国作家霍勒斯·沃波尔（Horace Walpole）创作的一部题为《锡兰三王子》（*The Three Princes of Serendip*）的小说。小说中的三位王子常常能够凭借意外降临的幸运或者自身所具备的智慧，发现那些他们原本并未刻意去追寻的事物。也正因如此，霍勒斯·沃波尔创造出了“serendipity”这个单词，是为了纪念他们在旅程中所遇到的种种好运。从那以后，serendipity 就被用来指代“意外发现好事的能力”了。

什么是“偶然发生幸运的能力”？

“偶然发现幸运的能力”这一表述实际上是存在矛盾的。毕竟“偶然”从常理来讲又怎么会是一种“能力”呢？

针对这一疑问，纽约州立大学的莫顿·麦耶斯（Morton A. Meyers）做出了简洁的阐释：偶然其实是人类“敢于对事物予以关注、进行探索并正确加以应用”的一个过程。

换言之，仅仅是依靠“偶然发生”是远远不够的。具有能发现偶然性特质的人，往往能够注意到那些被普罗大众忽略的事物，而这便是所谓的“偶然发现幸运”的能力了。

◎——立刻行动 ▷ 常保好奇心！

图 39　偶然性

将“偶然”变成“必然”的方法

便利贴、微波炉、香槟酒、尼龙材料，这些物品的发明者都是在偶然间获得灵感的。

试着应用吧！

培养“偶然间发现幸运的能力”的其中一个办法，就是大量地亲身参与实践活动，在这个过程中，还要对诸多事物进行仔细的观察。因此，那些有着强烈好奇心，且乐于挑战的人往往更容易收获“天赐”的惊喜。

产品优势缺失？
逆向思维重塑价值定位

何谓逆向思考？

逆向思考是属于心理学范畴的名词，在职场中经常会被提到，而它实际上是由詹姆斯·吉布森（James J. Gibson）所创设的名词。

吉布森对在他之前的心理学研究成果进行了回顾，例如：当我们看到一个圆筒状的物品时，脑海中首先会浮现出“那是马克杯！”的念头，紧接着又会想到“这个马克杯可以用来喝咖啡！”这样的关于其“价值”的认知。

也就是说，以往所谓的价值，指的是心灵对于所处环境的一种“认知”，并且这种观点已然成为主流认知。

不过，吉布森却提出了与之不同的见解，他觉得价值是存在于“心之外”的，具体而言，是在物理环境当中原本就存在着的。

这是因为带有握把的马克杯，其本身就是为那些想要喝咖啡的人而设计的，这便是一种从使用价值角度出发进行“逆向思考”的体现。

吉布森的关于逆向思考的观点，其应用范围不仅局限于心理学领域，在设计领域同样也受到广泛关注。该观点的可贵之处在于，它强调相较于使用者如何满足自身的欲望，更重要的是，外在环境能够为使用者提供怎样的价值。

人机接口（human interface）

唐•诺曼（Donald Arthur Norman）对逆向思考做了进一步的拓展解释，他指出，通过改变机器与工具的设计，便能够“诱导”使用者按照特定的方式去进行操作，并且只要提高了产品的易用程度，就可以避免出现使用者质疑产品不好操作的情况。后来，这样的想法也在人机接口的设计方面得到了普遍的应用。

◎——立刻行动 ▷ **凡事逆向思考！**

图 40　逆向思考

诱导人们行为的方法

由于在设计时进行了逆向思考，产品就能为使用者带来更多的便利。

试着应用吧！

当前有许多现成的分析工具，可用于分析人们点击进入微博和网页等互联网平台后浏览了哪些文章以及何时离开等情况。在进行网站策划工作时，可以利用逆向思考的方法，先分析用户的浏览偏好，再投其所好地安排内容。

詹姆斯·吉布森

美国心理学家，主攻视知觉心理学方向的课题。他的妻子艾莉诺·吉布森（Eleanor J. Gibson）也是著名的心理学家。

05

开发大脑、强韧心灵的应用脑科学

脑科学，也称为神经科学，是一门研究脑和神经系统结构与功能的交叉性学科。它涉及心理学、生物学、物理学、计算机科学、哲学等多个领域，旨在探索大脑如何产生心智和意识，以及心理活动与大脑结构之间的联系。

遇事难释怀？正念思考助你消除杂念，驾驭大脑

何谓正念？

“正念”是指人们最大限度地真实体验自身当下感受以及周围环境时的状态。它也是一种摒弃原本依赖对事物进行分类的思考方式。

在我们幼儿时期，人类为了快速认识世界，会将众多事物进行归类，或者依赖自动化思考。比如坐在自己熟悉的书房，会觉得今天和昨天并无不同，可仔细思量，已然成为过去的昨天与今天肯定是不一样的。

对于除人类之外的普通生物而言，新环境或者“当下、此处”的新鲜感，本就是理所当然的现实。然而，人类受到长期以来形成的“类别观念”的束缚，对世界的思考已然固定化，完全觉察不到周围的变化，进而陷入自动思考和自动行为的陷阱。

正念减压法

乔•卡巴金（Jon Kabat-Zinn）倡导通过正念来缓解压力，

并推广正念减压以及重新找回平静与自信的相关活动。例如，那些在医疗过程中无法减轻痛苦的病患，往往会自动产生“这个病痛要伴随我一辈子”的想法。不过，卡巴金觉得这样的思考太过片面，其实，只要能意识到“痛苦持续一辈子”并非真实情况，就能够减轻痛苦。而且这一点可以应用到人生中遭遇的所有痛苦上。

◎——立刻行动 ▷ **深呼吸！**

图 41　正念

以冥想呼吸法减轻压力

1. 以放松的坐姿坐在椅子上，眼睛半睁半闭。
2. 以深呼吸的方式吸一口气，再吐一口气，重复5次。
3. 放松身体，静下心来。
4. 以放松的坐姿坐在椅子上，眼睛半睁半闭。

试着应用吧！

当你内心被某些事情深深困扰时，可以尝试这样的方法：先将其写下来，而后反复阅读，如此一来，你便能发觉自己的思考仅仅是“重复过去的想法”，进而能够控制这种思维，提醒自己要尽快从中脱离出来。

乔·卡巴金

1944年出生于美国纽约。在1971年获得麻省理工学院分子生物学博士学位。如今，他担任马萨诸塞大学医学院的医学荣誉教授，同时是举世闻名的“正念减压疗法”（MBSR）的提出者，长期致力于指导人们进行正念减压与自我疗愈。

极端、偏激、冲动？
理性情绪行为疗法帮你放松紧绷的神经

何谓理性情绪行为疗法？

理性情绪行为疗法是由阿尔伯特·艾利斯（Albert Ellis）所开发的心理疗法，它对美国主要的精神疗法之一——“认知行为疗法”的发展有着重大影响。

理性情绪行为疗法可归纳为“ABC 基模公式”。

A 代表促发事件（Active Event），比如各类事件、意外情况等。

B 代表信念（Belief），主要指个体自身主观的想法。

C 代表结果（Consequence），是依据 B 推导出来的结论。

理性情绪行为疗法的基模

理性情绪行为疗法的基模可运用于遭遇各种挫折和不幸时的自我调节。

当面对不幸时，我们有时会采用不合理的思考方式。这种不合理之处在他人看来十分明显，只是当局者因深陷其中而难以察觉。

失恋就是个典型的例子，有些当事人会觉得“和他分手还不如让我死了算了”。艾利斯认为这就属于“错误的信念”，而将这种“错误的信念”转变为“合理的解释”，进而从过度痛苦的情绪中解脱出来，就是理性情绪行为疗法的目的。

艾利斯指出，极端的情绪极易让我们陷入错误信念，而借助理性情绪行为疗法能够帮助我们摆脱这种错误。

“人和事情本身不会将我们击倒。然而，要是你觉得自己不行，那你就真的不行了。”这句话是艾利斯对 ABC 基模的注解。

◎——立刻行动 ▷ 信念可以改变一切！

图 42　理性情绪行为疗法

跳脱深信不疑的状态

A 促发事件
工作出错导致客户发怒。

B 信念
错误无法挽回，只能逃走。

C 情绪与行为结果
因为生病无法上班，没有向公司请假。

在 A 事件发生后，让我们大脑中所产生的 B 信念更为客观合理，从而促使 C 结论向更好的方向改变。

试着应用吧！

当主管说你的提案毫无创意时，这自然会让你感到难过，不过你可以尝试去消除这种负面情绪。若能改变这种消极的想法，你便能使自己的情绪更趋稳定，并且可以用理性来掌控情绪，从而收获更强的自信。

阿尔伯特·艾利斯

美国临床心理学家，出生于美国匹兹堡，拥有哥伦比亚大学临床心理学硕士学位。他是理性情绪行为疗法的开创者，提出了独具特色的“ABC 基模公式”，其理性情绪行为疗法为后来的认知行为疗法的发展做出了巨大贡献。

学习力差？
重绘认知地图，整合知觉经验与记忆

何谓认知地图？

爱德华·托尔曼（Edward Chace Tolman）通过将迷宫引入小白鼠的学习实验中，在对迷宫内容稍作改变后，小白鼠仍能迅速抵达目的地。也就是说，小白鼠能将迷宫内的空间关系“存储于脑海”，而非仅仅是在反复的刺激中形成反应模式。

当然，小白鼠的脑中不会存在真正意义上的“地图”，不过一定有其通过学习所获得的对空间移动有帮助的信息。

人类有更复杂的认知地图

托尔曼让人类使用同样的认知地图开展实验，并以此推测人类从“空间移动”到解决各种复杂问题的能力。

每个人的认知地图都存在个体差异，而且也不一定是完全正确的。要是有人对空间关系的理解出现扭曲，或者和记忆中的印象相差甚远，那么经过思考判断后，也无法得出正确的结论。

◎——立刻行动 ▷ 掌握空间关系！

图 43　认知地图

去过一次的地方就会记住

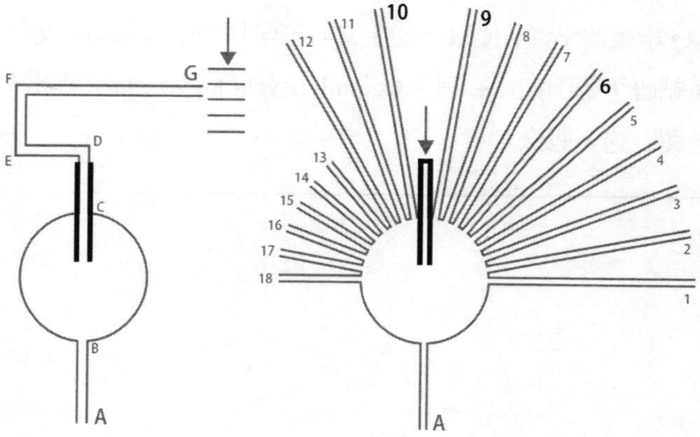

以左图的迷宫从 A 到 G 训练小白鼠，之后将小白鼠移至右图的迷宫中。一开始，小白鼠 A 进入圆形广场后直走，但中途停下来了。接着小白鼠会如何做呢？根据过去的单纯行为主义理论来推测，小白鼠一定选 9 或 10 号入口，但是它却选了 6 号入口，这验证了托尔曼所提出的观点。

试着应用吧！

即便是我们平日里极为熟悉的地方，在向他人描述时，也可能说得模棱两可。我们从经验里获取的“认知地图”虽然有用，但并不一定准确。倘若我们能将经常更新自己使用的“认知地图”，提高其中信息的准确度，就像小白鼠能迅速逃出迷宫那样，我们的工作也就能够很快完成。

爱德华·托尔曼

美国心理学家，哈佛大学心理学博士。他因认同心理学家约翰·华生的学说，便以行为主义心理学作为研究起点。此外，他还钻研了德国完形心理学（gestalt psychology），后来提出“认知地图”这一概念。

力不从心？
快速提升效能的记忆回路训练

何谓工作记忆？

艾伦·巴德利（Alan Baddeley）认为，把人的记忆单纯地分为“短期记忆”与“长期记忆”的做法并不科学。此外，他还提出了“工作记忆”（Woking Memory）这一概念。

比如，当你正在使用 Excel 软件开立收据时，会根据纸质票据上的数字，一行一行地输入电脑，这个过程利用的就是“工作记忆”。

为了正确无误地输入这些数据，你就需要短暂地记忆这些数据，并且需要让记忆保持一段时间，以确保完成后续相关工作。所以，尽可能用更短的时间正确记忆大量资料，才能提高工作效率。

视觉空间记忆描绘板与音节回路

不熟悉 Excel 软件的人，在制作各种表格时经常出错。为什么会这样呢？巴德雷假定“工作记忆”下可以分为三个系统，分别是中心执行、视觉空间记忆描绘板与音节回路。

正中央的“中心执行”系统（central executive system）在执行Excel操作时，也就是输入寄送地址与金额等文字信息时，会先指示眼睛扫过资料，之后这些信息会进入“视觉空间记忆描绘板”（visuospatial sketch pad）。然后操作者在心中默念一遍信息，再将其输入电脑，这个过程就称为“音节回路”（articulary loop）。

在整个过程中，中心执行、视觉空间记忆描绘板与音节回路相互影响与磨合，最终就能完成工作。所以，如果一次记下太多信息，导致与后面的“音节回路”没有磨合好，反而更容易让操作出错。

◎——立刻行动 ▷ 锻炼技能！

图 44　工作记忆

提升记忆的效率

试着应用吧！

在刚开始学习使用Excel的时候，不要刻意强调去用大脑记忆信息。随着熟练度的提升，你就自然而然地能够在记忆更多信息的同时，准确地完成工作。

艾伦·巴德利

英国实验心理学家，出生于约克郡的利兹。1956 年前往美国，取得普林斯顿大学硕士学位，1963 年回到英国，获得剑桥大学博士学位。

计划难落地？建基模、写脚本，让行动自发式推进

何谓基模？

“基模”是一种用于理解外界信息的架构。

最近我发现了一种很不一样的“笔记本”，它有别于传统意义上的笔记本。因为普通的笔记本只是一个书写的载体，但这个“笔记本”能够提醒我们何时该做哪些重要的事，帮助我们管理时间、规划行动。

基模（schema）与脚本（script）

基模的英文单词是“schema”，在基模这个概念的范畴里，特定情境就被叫作脚本（script）。这是人工智能专家罗杰·尚克（Roger Schank）和罗伯特·雅伯森（Robert Paul Abelson）提出的概念。

举个典型的例子，研究人员给受测试者看这样一段文字：“中午有个男人走进餐厅，之后心满意足地走了出来。”虽然这段文字中并没有太多的细节描述，但之后向受测者提出诸如“这个男

人吃饭了吗？”这类问题后，发现他们都能回答上来。这是因为“在餐厅就餐”的脚本中，包含了“入座”“点菜”“用餐”“结账”等一系列行为。

很多职场新人在工作中会遇到许多困扰，主要原因就是他们尚未融入职场的“脚本”中来，因此当他们犯错时，与其说是能力的问题，不如说是缺少经验的问题。

◎——立刻行动 ▷ 写脚本！

图 45　基模与脚本

脚本引出一连串行为

1. 乔走进餐厅…………………… 他有没有预约呢？是和谁一起吃饭呢？他们在讨论些什么事呢？

2. 乔要点寿司…………………… 他是单点鲔鱼寿司呢？还是海胆寿司呢？或者是点套餐呢？这是一家高级餐厅吗？餐厅位于银座吗？

3. 乔满脸通红地从餐厅走出来。…… 他是喝了日本清酒呢？还是红酒呢？他喝醉了吗？后面还有别的安排吗？

根据脚本，就能掌握所有行动。

试着应用吧！

当碰到那种很难深入开展的工作时，可以尝试为这份艰巨的工作任务写一个脚本。这样一来，就能像按照菜谱学做菜那样，一步一步地完成了。

罗杰·尚克

美国人工智能专家，拥有得克萨斯大学语言学博士学位。他提出了概念依赖理论、脚本理论和MOP（memory organization packets）理论，对自然语言理解以及与获取知识相关的心理学领域产生了巨大的影响。此外，他还参与了教育软件和学校教育方面的研究。

想要“多线作战”？
真正的高质高效，是一次只完成一件事

何谓多工？

那些感觉时间不够用的人，总希望能同时处理好几件难度很高的工作。

这就是所谓的多工。

心理学家指出，多工看上去似乎能节省很多时间，可实际上并不是这样的，只是当事人个人觉得效率很高罢了。

例如，一边打开电子邮箱查看邮件，一边准备明天要用的报表，看上去好像没什么问题。但事实上，同时进行“查看邮件”和“准备报表”这两项工作，是很难实现的。说到底，在实际工作时，还是要将许多项工作分割开来，断断续续地去完成。在注意力分配方面，当人们反复跳转在不同的工作之间的时候，反而会产生更多的紧张感。

节省时间却无法保证质量

与一项一项单独开展工作相比，同时做两项工作常会使工作质量变差，这就叫“同时损失”。

这个道理浅显易懂。比如有些人车开得很好，但是如果他一边开车一边玩手机，就很容易发生交通事故。也就是说，玩手机和开车这两件事一起做的话，肯定会使行车安全性降低。

◎——立刻行动 ▷ 多工不如单工！

图 46 单工与多工

心理学的“单工”与“多工”架构

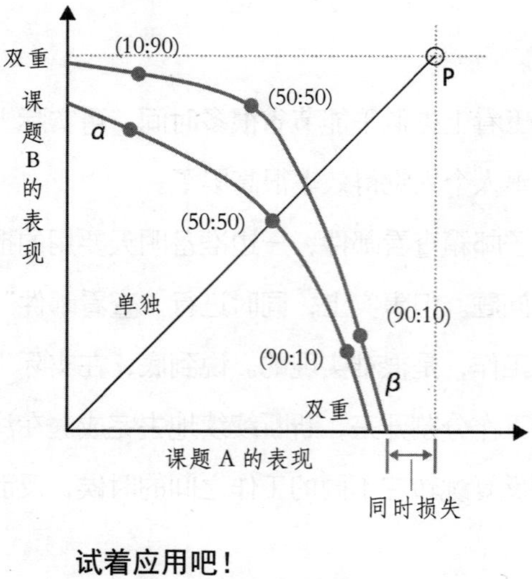

一次只完成单项工作可发挥最佳表现，这是多项工作并进无法达到的。即使投入工作α：工作β的专注比是 10 : 90，仍然比不上只专注于工作β时的表现更好。

资料来源：摘自《认知心理学手册》（《認知心理ハンドブック》，有斐閣）

试着应用吧！

对于那些超高标准的工作，最好的处理方式就是把自己关在会议室里，避免受到外界干扰，然后专心地去完成。这样全身心地投入工作，不但可以节省时间，而且还能提升工作质量。

祛魅艰难？
分辨生活中的“安慰剂效应”

何谓安慰剂效应？

你有没有过这样的经历？小时候我们感冒了，医生常常会给我们开抗生素让我们带回家，然后我们就按照医嘱，早、中、晚各吃一次，吃三天病就好了。通常情况下我们会理所当然地觉得那就是治病的“药”，但事实上，并不是我们表面上看到的那么简单。

2003 年，美国做过一项研究，发现医院所开的处方药中，含抗生素的药有 35% 其实根本就没有抗生素成分。

事实上，抗生素本来就对治疗感冒没什么效果，但医生却还拿它来治病，这就是“安慰剂”效应在起作用了。由此看来药里有没有抗生素成分也并不重要。

药品降价的同时连效果也会“降低”

行为经济学家丹·艾瑞利（Dan Ariely）提出，安慰剂效应在止痛方面具有明显的作用。根据他的调查显示，往往价格越高的药品，安慰剂效应就越好。

曾有人做过这样一个实验：有一种止痛药，一颗药的费用需要 250 日元；还有一种止痛药与它药效相同，但一颗只要 10 日元。在面对这两种药时，人们反而会觉得价格高的药吃下去就不疼了，而便宜的药没什么止痛效果。

在心理学领域，像这样的案例还有很多。这就说明，高级感、信任感、品牌等因素会对人的感觉与判断产生极大的影响，这些心理因素起了关键作用，这和安慰剂效应有很大的关系。

◎——立刻行动 ▷ 能量饮料要选贵的！

图 47　安慰剂效应

好意“欺骗”自己

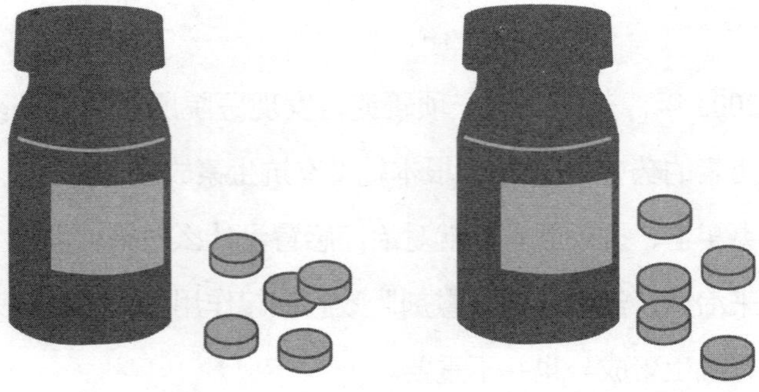

药效相同但价格更高的药更有效！

试着应用吧！

有些品牌的能量饮料会打出诸如“能量饮料要买贵的才有

效”的广告语，事实上，对于同一款能量饮料，有些人觉得它非常有用，有些人觉得它毫无效果，其中也存在着安慰剂效应。

丹·艾瑞利

行为经济学家。他从特拉维夫大学心理学系毕业后，前往北卡罗来纳大学攻读认知心理学博士学位，之后又在杜克大学取得了管理学博士学位。目前，他担任麻省理工学院斯隆管理学院与媒体实验室的教授。

争分夺秒？午睡让大脑运行更高效

何谓快速眼动睡眠？

我们常说的“浅睡眠”状态，其实就是快速眼动睡眠。一些脑科学家认为，人类大脑在做梦状态时会分泌一些能更好地帮助人消除疲劳的物质，因此适量地做梦不会让人休息不好，反而有益身体健康。

做梦有助于记忆？

你说不定也做过那种梦，就像在接受某种训练，或者是拿着一堆书猛读。这就好比训练小白鼠走迷宫。有些学者认为做梦对记忆有帮助，不过也有人不这么认为，时至今日，学者们还在针对这个问题争论不休。

但后来通过反复做实验发现，就算是睡眠充足的人，一睡着也马上会做梦。也就是说，做梦对人类来说是必不可少的。

在高速发展的当今社会，很多有事业心的人都希望能减少自己的睡眠时间，从而做更多的工作，或者完成白天没时间完成的学习计划。但睡眠不足会引发一系列问题，比如专注力下降、免疫力下降，得失智症的风险也会变高。

◎——立刻行动 ▷ 睡眠也是工作！

图 48 快速眼动睡眠

确保一定睡眠时间的必要

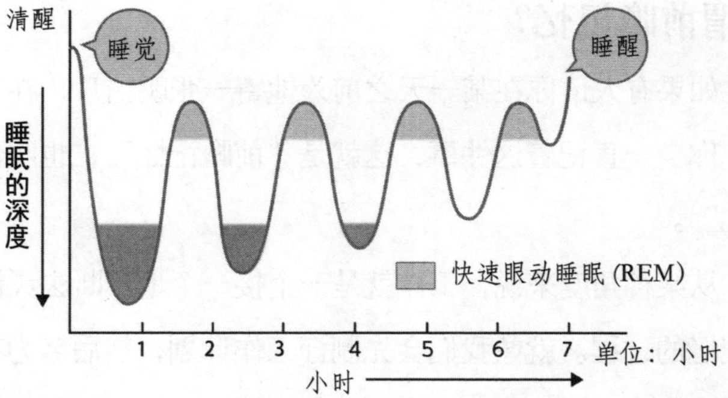

人们总以为在做梦状态下的快速眼动睡眠是浅睡眠，让人难以得到充分的放松和休息，实际上，快速眼动睡眠对大脑来说是十分必要的。

试着应用吧！

对在职场打拼的人来讲，午睡也算得上是一项必备的工作“技能”。15~20 分钟的浅眠午睡能帮助职场人振奋精神，这样下午工作的时候就会头脑清醒。要是有人难以午睡，也别太勉强自己，可以试着花上一个星期或者一个月的时间，培养自己午睡的习惯。

健忘频繁？
善用工具统筹你的生活琐事

何谓前瞻记忆?

如果有人请你在某一天之前为他寄一张明信片，在未寄出之前，你会一直记着这件事，这就是“前瞻记忆”，也叫作“未来记忆”。

从某种角度来说，工作就是一个接一个地不断去灵活运用前瞻记忆的过程。就像我们会先制订工作计划，然后努力在截止日期到来之前完成它。如果忘记了“前瞻记忆”，错过了开展行动的时机，就会导致事情失败。换句话说，当一个人想在工作中取得成绩，首先要研究应该怎样实践“前瞻记忆”。比如，怎样提高做事的动机，提高自己对日复一日的工作的新鲜感，怎样感知时间、利用时间等。当我们找出对事情结果产生影响的因素后，就能快速改善自己的工作表现。

提高动机

米查姆（J. A.Meacham）和辛格（J. Singer）曾共同开展过这样一项实验：他们让大学生在规定日期之前把明信片寄出去。结果发现，动机强的学生比动机弱的学生做了更充分的准备。比如说，动机一般的学生会借助外力或者利用辅助记忆的方法来提醒自己。而那些动机比较强的学生，不是因为他们的记忆力比较好，而是他们有更强的意识来提醒自己别忘记这件事。

如何借助外力来提升记忆力？例如，可以选择用日历、便利贴之类的工具，如今智能手机已经得到了普及，也可以使用一些 App 来提醒自己。

◎——立刻行动 ▷ 善用辅助工具！

图 49　前瞻记忆

帮你明确目标，提高工作动机的技巧

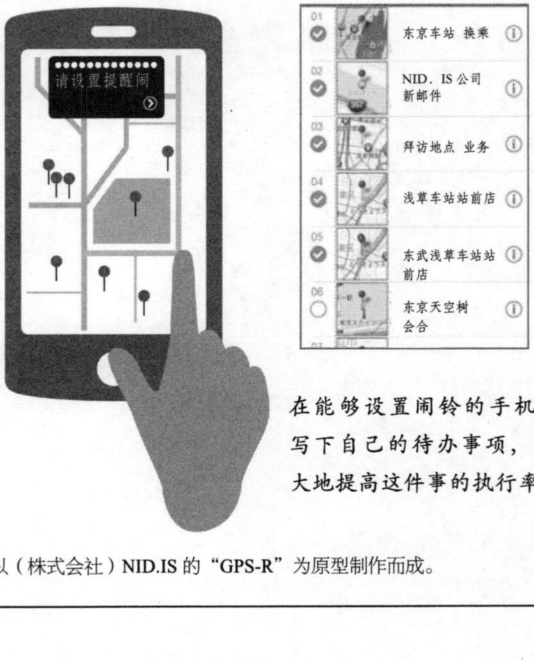

在能够设置闹铃的手机 app 上写下自己的待办事项，就能极大地提高这件事的执行率。

出处：以（株式会社）NID.IS 的“GPS-R”为原型制作而成。

试着应用吧！

在职场中，守时是一项重要的品质。在工作中，我们要记清楚每一件待办事项是很不容易的。所以，我们可以使用笔记本或者能设置闹钟的 App，这样就能把要做的事情落实到位。

前景迷茫？
用需求层次理论规划你的梦想人生

何谓需求层次理论？

你是不是也搞不清楚自己每天是为了什么而工作呢？当产生这个疑问的时候，我们可以来了解一下马斯洛提出的“需求层次理论”。

马斯洛觉得，人类是通过不断自我实现才得以成长的生物，人类的这些需求是按照从低到高的顺序排列的，就像金字塔的层次构造一样。

需求层次金字塔的最底层是生理需求，当这一层需求被满足后，就会进入第二层，也就是安全需求。再往上，第三层是社交需求，第四层是尊重需求，第五层是自我实现需求。

马斯洛把第一到四层称作匮乏需求，越是上层的需求，就越要以满足下层的需求为基础。不过这个观点也有值得讨论的地方，你看有一部分艺术家，他们连吃、穿、住这些基本需求都满足不了，却还在不断攀登艺术的高峰。

当匮乏需求都得到满足时，就会进入第五层需求，这是高层次需求（也叫存在需求）。马斯洛认为，每个人都得有自己的理想，而且要为了实现这个理想而努力。

当然，能满足最高层需求的人往往只占少数，但有自我实现需求这样的理想却是非常重要的。

◎——立刻行动 ▷ 更高的需求！

图 50 需求层次理论

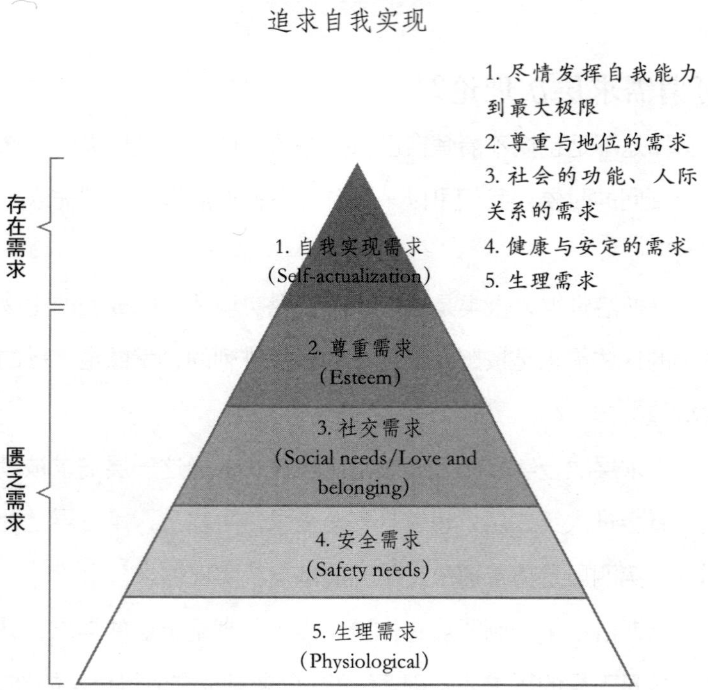

试着应用吧！

在职场中，人们常常得思考“哪些目标是自己目前最需要达成的”这个问题，要清楚当下自己“匮乏”（有哪些不满）

的地方。只有先满足了这些匮乏之处，才可以去追求更高的目标。当明白了自己在工作方面的终极目标后，才能够拥有更强的工作动机。

亚伯拉罕·马斯洛

美国心理学家，于 1934 年获得威斯康星大学心理学硕士学位。他曾担任过哥伦比亚大学、布鲁克林学院的副教授，以及布兰迪斯大学（Brandeis University）的教授。在 1962 至 1963 年期间，他出任美国心理学会会长这一重要职位。

技艺生疏？
刻意练习，培养身体的机械记忆

何谓自动化？

如果用打字来解释心理学中的“自动化”概念，就很容易理解。

当我们用计算机键盘打字的时候，如果不熟悉键盘，那就得看着键盘上标注的字母来输入。打字速度会非常慢。因为要盯着键盘，所以没办法同时去思考所写的内容。

一旦熟悉了键盘的布局，就可以达到不看键盘打字的水平了。这样的话，我们的专注力就能放在对文章内容的思考上，打字这件事就可以“自动”完成了。

“自动化”与“多工”的区别

之前我们提到了“多工”的概念，并说明了我们本质上无法同时进行两项工作，所谓的“多工”只是注意力的反复切换而已。但对于那些打字速度很快的人而言，确实可以做到一边构思文案一边打字。这种情况其实并不是“多工”，而是把“写文章”看作是一项单一的工作。

对于小孩子来说，写信可以分成“写字”和“写信”两项不同的工作。但对于成年人而言，“写字”是一项可以“自动处理”的工作，而不是一个需要单独去完成的工作。所以，让你的某些行动“自动化”，就能极大地提升你的工作表现。

◎——立刻行动 ▷ 培养自动处理的能力！

图 51　自动化

提高工作效率

自动化（Automaticity）

大脑在重复输入和输出的过程中储存记忆，然后在需要的时候自动搜索。

在进行例行工作的过程中，大脑会从过去的记忆中自动搜索需要的信息，然后有效地推进一系列的操作。

大多数人没办法在右手写字的同时，用左手进行盲打。就算有人能做到，这个学习过程也会非常艰难。所以，从不会“自动化”到让更多的工作内容“自动化”，这个过程是需要时间练习的。但只要你通过提升专注力，反复练习并获得了你所需要的技能，你就会惊喜地发现，你的大脑能够帮你自动处理很多事情，你的工作就会越来越轻松。

试着应用吧！

在工作中，如果能使更多的部分开启“自动化”模式，工作速度当然就会更快。比如写文章的时候盲打、出租车司机在无意识状态下熟练驾驶，或者在工作中熟练使用办公软件快捷键，这些操作不仅能加快工作速度，还能减轻压力。

社交木讷？你表达的信息影响了你的成功率

何谓自动化反应行为模式？

这里所说的自动化，是指人类针对某件事形成的“自动化反应行为模式”。比如说，复印机前面排了很长的队，如果有人想插队，那么他的说话方式会对答应其插队的成功率产生影响。

“不好意思，因为我很急，可不可以让我先印五张？”

这种情况下，成功率是 94%。

“不好意思，我只需印五张，可不可以让我先印？”

这种说法的成功率是 60%。

这就表明，能把原因好好讲清楚的人，更能说服别人让自己插队先复印。不过，就算没说真正的原因，也可能有差不多的效果。

“不好意思，因为我这个文件必须复印，可不可以让我先印五张？”

这种说法的成功率达到了 93%。

仔细想想，其实所有在排队等着复印的人，手里的文件都是必须要复印的呀！这个人并没有说出真正需要插队的原因，但成功率也非常高。

郑重地请求，成功概率会更高

要是有人插队复印五张文件，大家不用怎么仔细思考就可能答应。但要是复印二十张，那情况可就完全不一样了。

“不好意思，因为我很急，可不可以让我先印二十张？”

这种情况下，成功率只有 42%。

“不好意思，只有二十张，可不可以让我先印？”

这种说法的成功率更低，只有 24%。

“不好意思，因为这个文件必须复印，可不可以让我先印二十张？”

这种说法的成功率也是 24%。

这就说明，事情越重要，人们在做决定的时候就需要考虑得越多。

◎——立刻行动 ▷ 向别人提出请求时，别忘了说明原因

图 52　自动化反应行为模式

在向他人提出请求时，记得说明理由

	复印 5 张	复印 20 张
真正的原因	94%	42%
不成理由的原因	93%	24%
没有原因	60%	24%

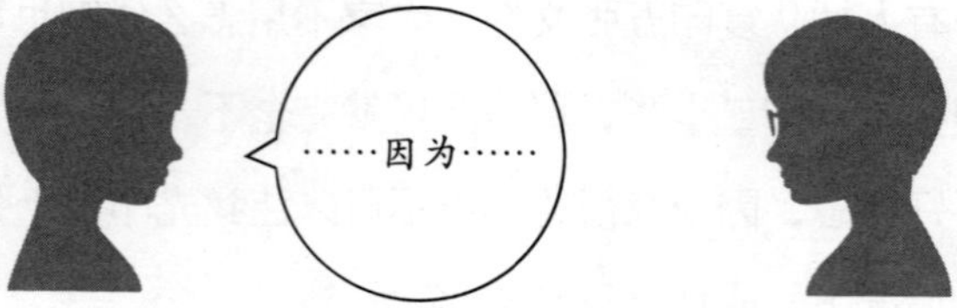

试着应用吧!

有点事情想请别人帮忙时，用最简洁的话说明自己不得不麻烦对方的原因，就能在一定程度上得到对方的理解。

参考资料

The mindlessness of ostensibly thoughtful action : The role of “placebic” information in interpersonal interaction. Langer, Ellen J.; Blank, Arthur; Chanowitz, Benzion Journal of Personality and Social Psychology, Vol 36(6), Jun 1978, 635-642.(PDF)

疲惫倦怠？
经常注入新鲜感，强心健脑、精力满格

何谓好奇？

生物学家莱尔·华特森（Lyall Watson）提出了一个概念，叫好奇（Neophilia）。好奇在一定程度上，就意味着对新鲜感的追求。

一般来说，大家往往会觉得“新鲜的”就是“好的”。像新产品、新策划、新年、新的主题等等，都会带给人崭新、愉快、有希望的感觉。反过来看，如果没有“新”这个字，就很容易给人带来不好的、乏味的感觉。

华特森指出，人类追求新事物的这种特质，和一般动物害怕新事物（也就是恐新的，neophobic）的倾向大不相同。人类明明知道新的东西不一定就是好的，可还是会被它的魅力所吸引。

线条体的秘密

认知神经学领域的杰出学者柏恩斯（Gregory Berns）通过实验对人类“驱新”的特质进行了研究。研究结果表明，新鲜的或者意想不到的体验，能够激活大脑的线条体。所以，当人们面对

“新体验”的时候，几乎都是在无意识的状态下进行的。

柏恩斯实验的大致内容是，线条体对于不可预测的情况比对能够预测的情况有着更强烈的反应。

由此可见，人们的大脑存在驱新的特质。

◎——立刻行动 ▷ 追求新鲜感！

图 53　好奇心

追求新鲜感可以活化大脑

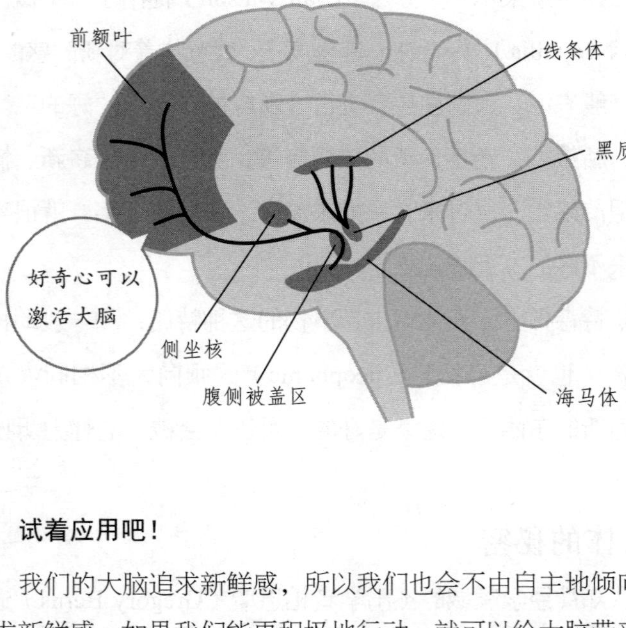

试着应用吧！

我们的大脑追求新鲜感，所以我们也会不由自主地倾向于追求新鲜感。如果我们能更积极地行动，就可以给大脑带来有益的刺激，从而使大脑更加活跃。

06

抢占先机、扭转困局的谈判心理学

谈判其实就是心与心之间的相互较量。如何沟通，对方才会答应自己的要求呢？不管是在哪个行业，肯定都需要掌握让对方点头同意的技巧。虽说我们没办法像看漫画那样轻松地看穿别人的心思，但是只要留意那些让人很难拒绝的请求方式，并且给出能让对方接受的条件，就可以达到谈判的目的。在心理学领域，有很多关于这方面的方法论，在这一章将为大家逐一介绍。

商品滞销？
定价决定产品段位

何谓价格心理？

曾有一位珠宝商，他的店铺中有一些长期滞销的绿松石，于是他让工匠将这些绿松石进行切割后，又让店员以半价进行销售。

后来珠宝商得知这些绿松石卖出去了，还以为是半价促销起了作用。

可没想到，原来是店员看错了珠宝商写的要求，不但没降价，反而以好几倍的价格卖了出去。这就奇怪了，之前降价都卖不出去的绿松石，怎么价格涨了好几倍反而一下子就卖光了呢？

在经济心理学家们看来，价格可不只是个简单的数字，其中包含了大量的“信息”。

一般人会觉得，买便宜货不划算，就像俗话说的“便宜没好货”“便宜的都是滞销货”，这就是价格在传达的信息。

就像绿松石这种奢侈品，从本质上来说，它就是块没什么实际用处的石头。一块大家都不想要、没什么价值的石头，就算再便宜也没人想买。

但是，如果把珠宝定义为“具有很高价值的石头”，那就等于传达了“花大钱才能买到高级宝石”这样的信息。所以，当绿松石的价格涨了好几倍后，它就能从“没人买的石头”摇身一变，成为“有价值的宝石”。

◎——立刻行动 ▷ 不要贱卖！

图 54　价格的力量

高价商品如何打动人心

	定价失败	定价成功
相同的宝石		
价格	1000 日元	100,000 日元
传递的信息	玩具、假货 毫无价值	真货、稀有价值 人人都想要

以钻石为例，卖出大量钻石并非易事，因此在制订营销策略时，适合从“以高价卖出有价值的物品”的角度入手。

试着应用吧！

任何一位商家都希望自己的商品能卖出得多一些，这就需要学习定价策略。商品的价格能够向顾客传递许多信息，这不仅决定了商品本身的“段位”，更会以心理暗示的形式，影响顾客的购买行为。

磋商困顿？
学会在恰当的时候“略施小惠”

何谓略施小惠的回报？

人们在接受了别人的善意和恩惠后，往往会以差不多的程度回报对方。这是一种跨越国界的人际共通原则，我们称之为“略施小惠的回报”。

康奈尔大学的丹尼斯•雷根（Dennis T. Regan）教授做了一个和回报相关的实验。他让实验对象两人一组进行“艺术鉴赏”。实际上，小组中的其中一人是雷根教授的助教，是专门来协助实验进行的。

在实验过程中，助教在中途休息的时候买了两罐可乐，然后把其中一罐给了实验对象。要知道，对方可没让助教帮忙买可乐，这很明显是助教对对方施予了恩惠。

而对照组就没有助教给另一位实验对象送可乐这一环节。

在“艺术鉴赏”结束后，助教向对方请求帮忙：“我在卖彩票呢，卖得越多我得到的分红就越多，你能不能买一张呀？”

结果表明，实验组（助教送了可乐给对方）和对照组（助教没送可乐给对方）的彩票卖出率相差两倍。那些收到可乐的人感受到了“助教对我有付出”，所以就通过从助教手里买彩票的方式来表示自己懂得回报。

是否回报对方，与自己是否期待对方的付出无关

受测者并没有请求对方买可乐，也不是自己想喝，更不是喜欢这个举动，只是因为即使是对方强加施惠于己，若不回报对方就会显得自己品德不好，这就是人性。

◎——立刻行动 ▷ **先给就对了！**

图 55　报恩

“施”比“受”更幸运

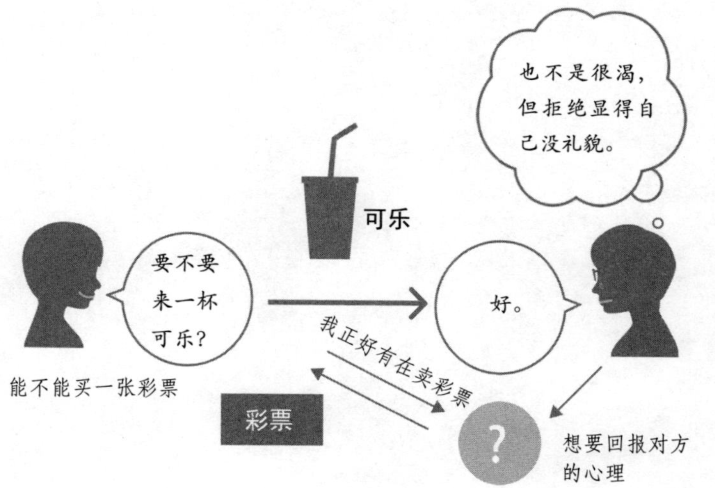

试着应用吧！

回报他人善意举动的心理原理，在交易、谈判等场合都能用得上。在商业场合中，我们经常会遇到需要从他人那里获得自己所需资源的情况。所以，我们在平常就要多为别人提供便利，这样在需要的时候就能派上用场，这就是上文中提到的心理实验带给我们的启示。

形象失利？让外貌成为你的谈判加分项

何谓外貌魅力？

帅哥美女在日常生活中比我们想象的更有优势。一部美国社会心理实验研究纪录片给人们带来了特别的大冲击。

影片里只简单列举了三个案例：

第一个案例是，一位女性开车开到半路没油了，如果她是个“美女”，马上就会有好几个男性主动来帮忙，把车推到加油站。但要是“长相普通”的女性，就得等上30分钟才会有一个男性愿意帮忙。

第二个案例也很让人吃惊。英俊的求职者在找工作的时候更有利。他们的履历内容和其他求职者大体上差不多，但就因为长得帅气，和那些“长相平凡”的求职者相比，更容易被录用。有意思的是，录用了帅哥的这家公司（他们并不知道这是个实验），完全没有意识到自己“以貌取人”了。

让人更惊讶的是第三个案例，“帅气”与“长相普通”的两人上法庭，审判时，长相普通的人被判有罪的概率更大。由于美国与日本的审判法源不同，因此这个例子仅供参考。根据影片中呈现的实验显示，几乎在列举出相同的嫌疑与物证时，人们更愿意相信长相帅气者无罪，而长相普通者有罪。同样，审判官对于自己以貌取人也毫无自觉。

外貌与其他特质的魅力

一般来说，我们明知不能以外貌判断一个人，实际上却经常以貌取人，这是以社会心理学为主的相关实验的结果。

◎——立刻行动 ▷ 外貌影响结果！

图 56　外貌的魅力

九成的人以貌取人

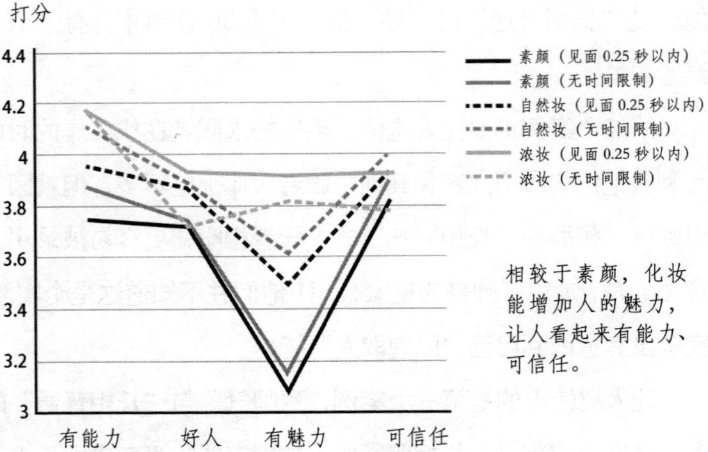

试着应用吧！

如果有条件，请你一定要在房间里放一面能照到全身的镜子，因为通过这面镜子，你可以观察自己、打扮自己，从而让自己更有自信。这样的话，在谈判的时候，你在外貌上就会更有魅力，谈判成功的概率也能提高。

选票难求？
努力取得口头承诺，剩下的就交给概率

何谓认知一致理论？

人们都希望自己在别人眼里是那种“能始终坚持如一”的人。

但是，如果一个人的言行总是翻来覆去地变化，就会失去别人的信任。在社会生活中，保持言行一致会减少工作中和人际交往中的阻力。这是因为，我们希望别人的言行是前后一致的，别人对我们也有这样的期待。

回答“好”就大概率会实践

华盛顿大学安东尼·格林沃尔德（Anthony Greenwald）的小组针对“认知一致性”做了下面这个实验：

在实验开始之前，他们会打电话问接受测试的人：“投票那天你会去投票吗？”大部分人觉得投票是自己一定要做的事，所以就会回答“会去”。就算投票那天是周日，他们也会遵守承诺去投票。由此看来只要打个电话问选民“你要去投票吗？”这样简单的操作，就能让总统大选的投票率大幅提高。

◎——立刻行动 ▷ **答应对方！**

图 57　认知的一致性

如何利用认知一致性

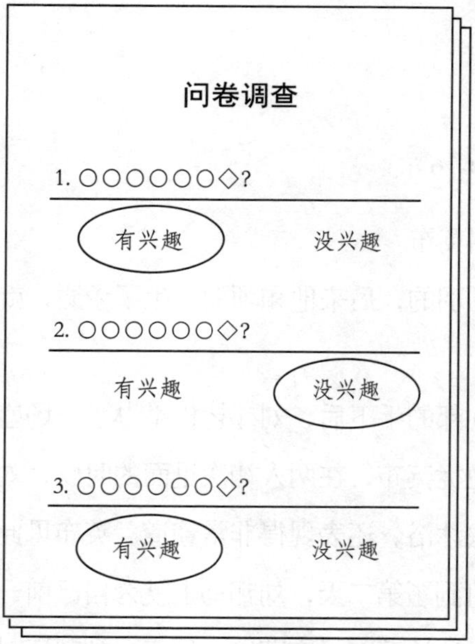

促销现场经常会请顾客做“问卷调查”，实际上如果顾客能圈选“有兴趣（购买）”，就会激发其内心希望自己言行一致的欲望，这样就能大大提高顾客的购买欲。

试着应用吧！

在提高投票率、增加募捐金额这些看起来很难去沟通协商的事情中，只要事先开展问卷调查，并获得对方的承诺，就会极大地提升他们参与投票或捐款的概率。

谈判僵持不下？锚定效应助你以退为进，速战速决

何谓“以退为进”？

秦末汉初有个武将叫英布。

英布本来是效忠于项羽的，后来他和项羽产生了矛盾，就转而投靠了刘邦。

英布背叛项羽成了刘邦的手下后，刘邦趁机举办了一场盛大的宴会来欢迎他。为了拉拢英布，在两人初次见面的时候，刘邦假装喝醉了酒，然后跑去沐浴，还表现得非常霸道。英布见此情景，自然是十分生气。可到了第二天，刘邦马上就为自己前一天的无礼行为向英布道歉，这让英布受宠若惊。后来，刘邦还封英布为淮南王。

这其实就是一种“以退为进”的谈判技巧。一开始做一些让对方不愉快的事，提出对方无法接受的要求，把对方激怒，让对方拒绝自己，然后再向对方提出一个更容易接受的请求，这样通常更容易成功。不过要记住，在拒绝对方第一个要求，让对方做出让步之前，自己也得有所退让。

这也是心理学中所说的“回报性”的一种表现，这里面并没有“施恩”的行为，只是“拒绝一次”罢了。要知道，“拒绝”也是谈判的一种手段。

◎——立刻行动 ▷ 行事正大光明！

图 58　以退为进

请对方接受我方请求

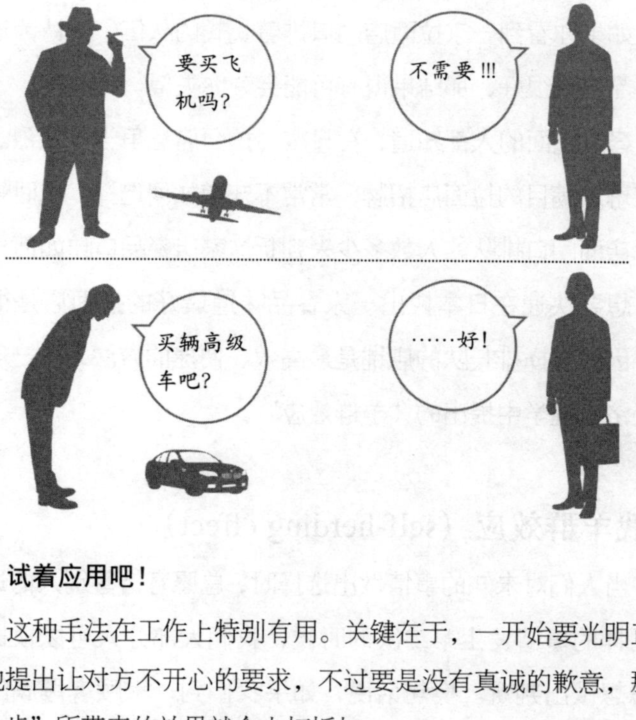

试着应用吧！

这种手法在工作上特别有用。关键在于，一开始要光明正大地提出让对方不开心的要求，不过要是没有真诚的歉意，那“让步”所带来的效果就会大打折扣。

市场难拓？抓紧老客户，让“羊群效应”为你带来新机

何谓羊群行为？

如果你看到一家拉面店门口排着长长的队伍，就认为这家店的餐品口味很好，那结果很有可能会令你失望。

喜欢吃面的人都知道，在日本，拉面店竞争十分激烈。人们看着琳琅满目的拉面店招牌，常常不知道如何选择。这时候就会根据店面门口排队的人数多少来判断这家店餐品口味如何。

想要快速在日本找出一家餐品味道最好的拉面店是很困难的，因此选择排长队的店铺是最高效、便捷的方法，这一现象就是经济心理学中提出的“羊群效应”。

自我羊群效应（self-herding effect）

当人们对未知的事情做出选择时，总愿意借鉴别人的选择，当同样的事情发生第二次的时候，我们大部分人可以根据自己的思想做出判断。换句话说，如果我们到一家顾客爆满的拉面店用餐后非常满意，那么下一次也会选择其他顾客爆满的餐厅。

这就是自我“羊群效应”。人们之所以会这样做选择，主要原因是希望快速、便捷地对一件事作出判断。

◎——立刻行动 ▷ 善用排队！

图 59 羊群效应

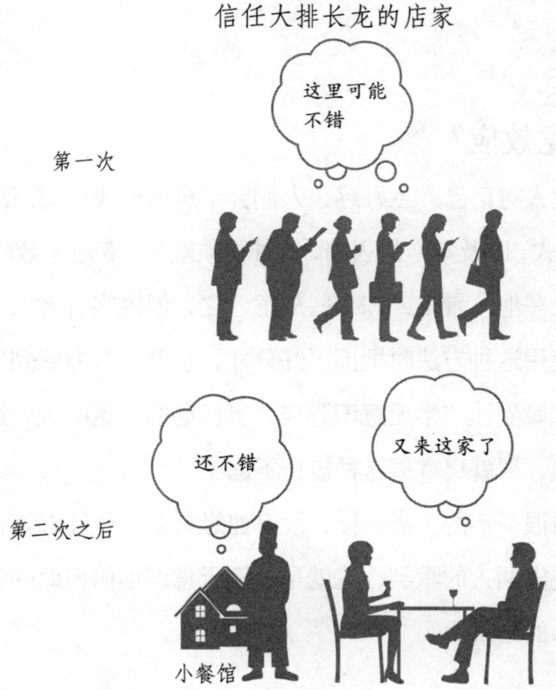

试着应用吧！

比起用在新客户开发上，“羊群效应”更适合用在对老客户的维护上。让自己的顾客为自己代言，才是最好的宣传。

人缘不佳？人们更喜欢与自己相似的人

何谓变色龙效应？

为了使他人对自己产生好感，人们会下意识地模仿对方的动作、说话的方式，以及对方的表情，这种现象就是“变色龙效应”。

这种现象在他人看来或许有些刻意为之，但确实有效果。所以，如果在使用这种方法时把握不好分寸，也会让对方感到不舒服。如果可以做到让“半无意识”与“半自动的”这两种表达方式自然地切换，那就离掌握这种技巧不远了。

就像结婚很多年的夫妻一样，没有血缘关系，也能够在言行举止之间表现出两人的默契，这就是长期无意识模仿彼此的姿势和表情等行为的结果。

人们对与自己相像的人会产生好感

人们对于那些与自己相像的人会有更多的好感，这与社会心理学的研究成果相符。

何为相像？当两个人的穿着打扮相似时，就表示二人之间的经济状况与喜好相似。如果双方的价值观与兴趣爱好相似，生活状态与价值观能够相互认同，那么双方对彼此的好感度就会大大增加。

在社会心理学中研究，这就叫作“相似点恰到好处”。

此外，掌握“同乡”“同校”“同业”等信息，比较容易找到共同话题。听起来“不足挂齿的共通点”，却比“性格相似”更为实际。

◎——立刻行动 ▷ 模仿对方！

图 60　变色龙效应

模仿对方可以提高对方对自己的好感

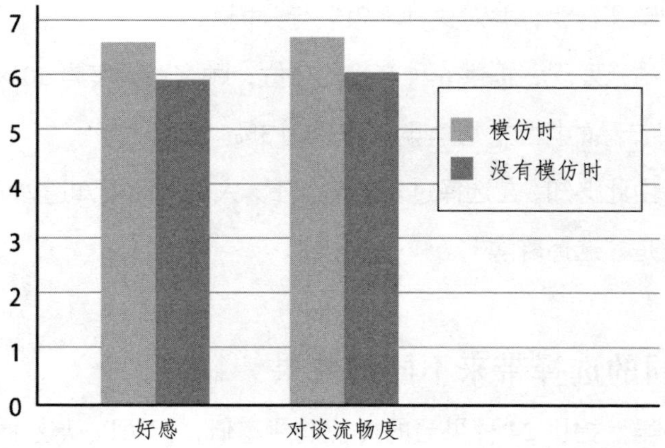

试着应用吧！

心理学研究成果显示，想要与对方深度沟通，友好交往，寻找自己与对方的相似点是一个很好的办法。

围观多、成交少？
要提供选择，但不要有太多选择

何谓分析麻痹？

哥伦比亚大学商学院教授希娜·艾扬格（Sheena Iyengar）在一家果酱店门口布置了两个摊位，并请顾客试吃果酱。一个摊位上提供了 6 种果酱，另一个摊位上则提供了 24 种。然后观察顾客的购买行为，并对这种现象进行分析。

结果发现，提供 6 种产品的摊位，顾客购买率为 30%，提供 24 种产品的摊位，顾客购买率仅为 3%。

由此得知，在选择过多的情况下，人们反而不知道如何选择，这就是“选择麻痹”。

不同的选择带来不同的效果

虽然提供 24 种果酱的摊位购买率低，但可以从这个实验中得知，提供 24 种果酱的摊位实际试吃人数比 6 种果酱的摊位更多，因此这种方式可以达到增加人流量的目的。

◎——立刻行动 ▷ 恰到好处即可！

图 61　选择麻痹

人们不喜欢选择过于多样

试着应用吧！

笔者曾在保险推销员高明的推销手法下买了许多保险产品，那位推销员先介绍了几款产品，然后从中选择一款，对我说，这款保险产品最适合佐佐木先生，这一句"最适合"就让我掏了腰包。

希娜·艾扬格

1969 年生于加拿大，哥伦比亚大学商学院教授。其研究课题横跨脑科学、心理学与经济学领域。

磨破嘴皮？
反向操作：用“拒绝、禁止”代替劝说

何谓感应抵抗？

“反弹效应”是心理学领域中常用的词汇。

反弹效应是指越不让人们做什么事，人们反而越有做的冲动。这就是为什么在现实生活中，越被禁止的事情反而越令人更加感兴趣的原因。这种现象在心理学中也被称为“感应抵抗”。

赋予恢复自由的动机

心理学上的感应抵抗是指人们希望被赋予恢复自由的动机。也就是说，一个人的自由在遭到威胁的情形之下，就会产生夺回自由的动机。反弹效应也是如此，原本毫无兴趣或是不想看的电影，会因为遭禁而对它产生强烈兴趣。

◎——立刻行动 ▷ 善用禁止的力量！

图 62　禁止的力量

被禁止造成反效果

由于禁止造成反弹效应的案例

试着应用吧！

在营销活动中运用这种技巧，有时候会产生出乎意料的效果。“拒绝”“禁止摄影”等看似“禁止”的规定，反而会激发人们的兴趣。

07

精准营销、赢回市场的经济心理学

20 世纪末到 21 世纪初，经济心理学的研究有了飞跃的发展。在此之前，经济心理学早已跳出精神分析行为、科学、心理学等领域，以一个崭新的角度来研究人、社会与经济的关系。例如，降价会造成何种影响？涨价又有什么样的影响？如果不了解营销的本质，你将在职场寸步难行。

事业艰难？顶尖高手都是利他主义者

何谓热光效应？

为什么人们愿意行善？

这一议题也可归于经济心理学领域。它研究的本质问题是“人以自我为中心而采取的一切合理行动”。

有一句老话叫：“世上没有白付出的”。从经济学的角度来说，人们不会白白捐钱。所以就会有以“与金钱相关的人类心理”为题的研究。

这项研究就是经济学与心理学的结合，也被称为“行为经济学”。行为经济学的研究成果对推动社会经济发展有着重大贡献。

积极心理学领域的重要人物，马丁·赛利格曼（Martin E. P. Seligman）及该领域的其他学者都提倡人们应该积极地为社会捐款，这对提升人类精神文明建设有着重大意义。

◎——立刻行动 ▷ 行善能让自己的状态更积极！

图 63　热光效应

采取有利社会的行为

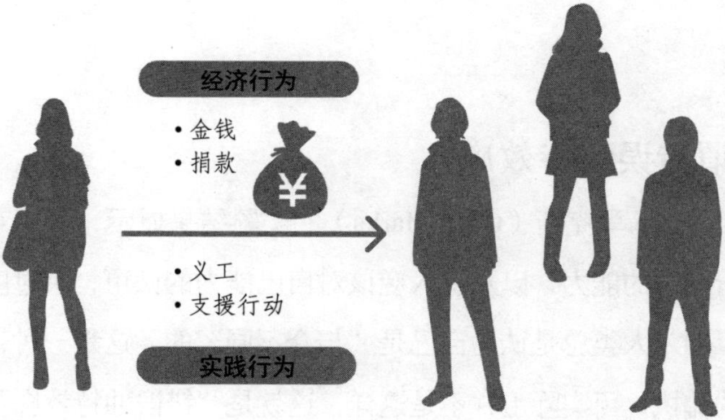

从经济学的立场来看，利他行为本身并非合理，但却是人类之所以为人的典型行为。

试着应用吧！

通过捐款来赢取良好声誉，或者达到某个目的，这种行为在商业界、政治界都十分常见。这种行为本身能够体现奉献社会的价值观，因此在全社会广受认可。

意见分歧？别人与自己想法不同才是常态

何谓错误独特效应？

盖瑞·马克斯（Gary Marks）的实验结果显示，人们对于自己所拥有的能力，以及别人应该对自己能力的认可，都过度夸大了。因为人类总是认为自己是“与众不同”的，这是一种普遍存在的偏执，可实际上并不是这样，这就是“错误独特效应”。

错误共识效应

与错误独特性相反的是，大多数人认为自己的想法都是比较周到的，但现实并非如此。这种人认为自己的想法与他人的想法是相同的，然而实际上是人与人的想法其实相去甚远，这种推测偏差也被称为“错误共识”。

1977 年，以罗斯·李（Ross Lee）为主导者的研究团队进行了一项很有趣的实验，名为“三明治实验”。

该实验主要参与者是大学生，他们被要求身上背着写有“彻底悔悟，痛改前非”的板子在校园里走一圈，而表示同意这么做，和不愿意这么做的同学，都认为绝大多数同学与自己的想法是一致的。在所有被采访的同学中，有60%的人同意这样做，40%的同学拒绝这样做。而在拒绝的同学中，有67%的人认为别人也会和自己一样拒绝。

◎——立刻行动 ▷ 尊重与众不同！

图 64　错误独特效应与错误共识效应

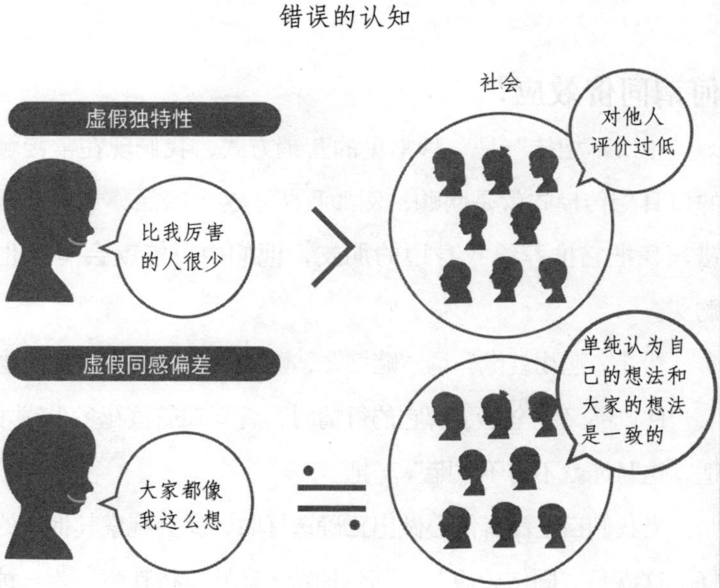

试着应用吧！

当你觉得“我的想法才是正确的！”却遭反对时，就能了解到自己的认知是存在问题的。因为反对你的人会想：“那家伙完全不懂嘛！”如果知道了什么是错误共识，即使被人反对后感到难受，也能够立刻调整。

宣传效果不佳？
让客户的选择为你代言

何谓同侪效应？

“口耳相传”是一种常见的营销方式，我们现在常接触到的口耳相传模式就是网购，例如我买了这个产品，觉得非常不错，我把它推荐给我身边的朋友，他们中可能就会有人也想购买。

然而，购物就像一场“赌博”，赌的就是决策。例如，当想买一件产品又完全不了解它的行情时，就不知道该花多少钱才合适，这时你就不得不“赌”一把。

当我们自己没有信心做出正确选择时，就会观察其他人的选择，这就是“同侪效应”。阿尔伯特·班杜拉将其解释为一种观察学习的行为。

◎——立刻行动 ▷ 口耳相传，就能见效！

图 65 同侪效应

参考别人的决策

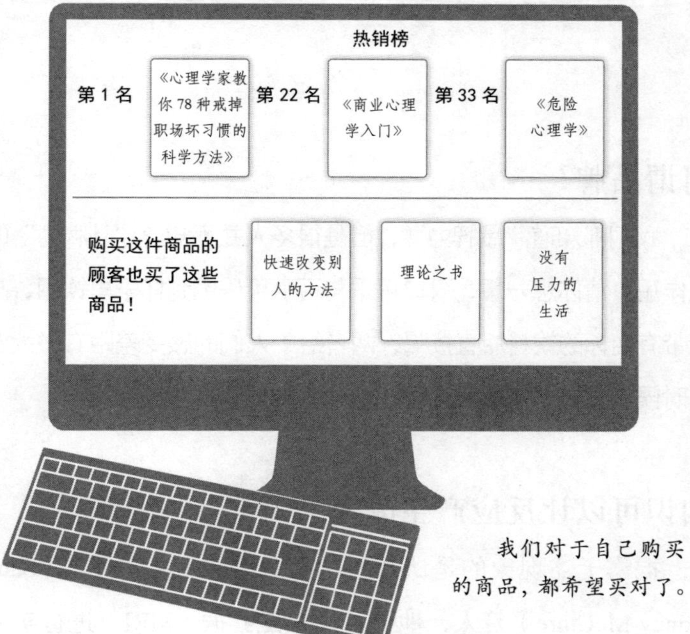

试着应用吧！

在网络时代，搜索商品并查看其他顾客的购买记录，浏览购物网站中的“买这项商品的人也买了……”的推荐，都会影响消费者的购买决策。

品牌建设难？逆向利用大牌的力量

何谓品牌？

我们都知道“品牌力”，但是很多人并不知道“品牌力”的真正作用。请你想一想，可口可乐与百事可乐倒到杯子里饮用，与拿着带有商标的饮料瓶直接喝，两者给予人们的感受差距有多大？很多时候，先入为主的观念往往会对人的行为产生很大影响。

知识可以让反应产生改变

揭露上述现象的是认知科学家萨缪尔·麦克鲁尔（Samuel Sidney McClure）等人，他们利用核磁共振（MRI）进行实验，检测人们在不知品牌的情况下饮用可口可乐与百事可乐的大脑反应，结果显示两者相似。

另一项测试内容为，当这些受测者看到品牌之后再饮用可乐，结果显示他们的前额叶变得活跃。也就是说，知道可乐品牌之后饮用与盲测时，大脑对可乐的反映是截然不同的，这就会影响人们对可乐口味的感知。

◎——立刻行动 ▷ **善用知识！**

图 66　品牌

品牌的构建

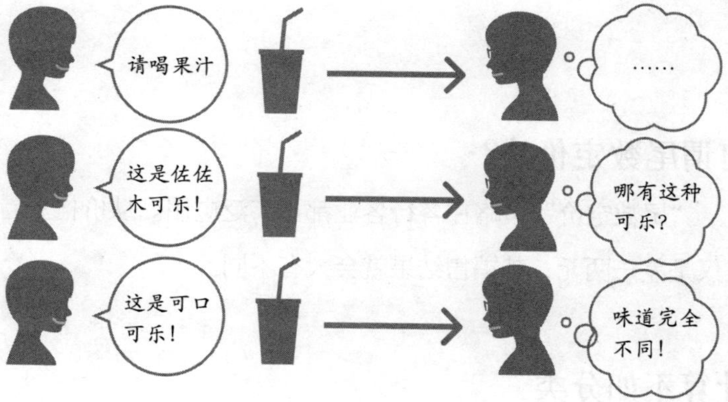

可乐的成分完全相同，知道品牌后参与测试与盲测（不知道品牌）时，大脑的反应截然不同！

试着应用吧！

在进行品牌构建时，我们可以反向利用这个效应。我们可以先请顾客体验无品牌标识的产品，然后再向他们展示这些产品的品牌，从而打消顾客心中固有的“成见”，让自己的品牌更容易被接受。

价格竞争激烈？
尾数定价法：让顾客获得心理上的实惠

何谓尾数定价法？

“尾数定价”策略在各行各业都被广泛应用。从价格上看，仅仅是差一两元，其销售结果就会大有不同。

计算不如分类

我们在定价时，经常会有化零为整的习惯，例如将 490 元认为是 400 元那一档，而将 510 元认为是 500 元那一档。美国罗特格斯大学商学院教授罗伯特·辛德勒（Robert Schindler）实验发现，虽然仅有 5 美元的价差，25 美元与 20 美元都属于“20 美元价格带”，24.99 美元与 19.99 美元相比，24.99 美元属于“20 美元价格带”，而 19.99 美元则属于“10 美元价格带”，如果将价格定到 10 美元价格带中，销量就会更好。

◎——立刻行动 ▷ **善于归类！**

图 67　尾数定价法

全球通用的定价法则

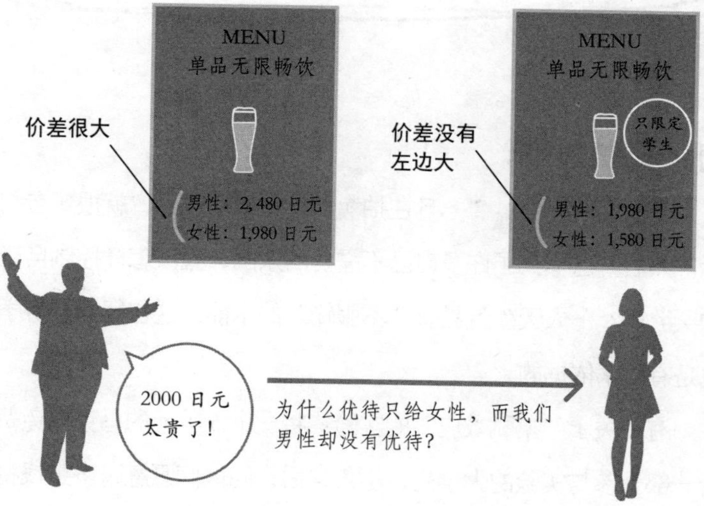

试着应用吧！

商品的定价在一定程度上也发挥着“分类”的作用，因此，当你希望自己的产品被归为某一档次时，从定价上做文章是个不错的办法。

客户黏性不强？
禀赋效应：握在手里的糖，总是比橱窗里的甜

何谓禀赋效应？

有位朋友问我：“一旦在拍卖网站注册了账号，就很想参与竞标，然后就这样买了许多自己不需要的东西，我该怎样控制自己的购买欲望？”人天生就具有“不服输”的本能，这在行为经济学中也是有科学依据的。

有个关于“禀赋效应”的实验：将一个6美元的马克杯免费送给一部分参与实验的大学生，不久之后，问他们愿意以多少钱将手上的马克杯卖给别人，这些大学生回答的结果，平均为5美元。

然后实验人员又询问那些没有拿到免费马克杯的学生愿意花多少钱买马克杯，答案平均为2美元。这就说明，人们更愿意相信自己拥有的东西是有价值的。

你拥有的其实不如想象中有价值

禀赋效应在竞标活动中能够得到很好的体现。因为当人们竞标一件物品时，即使只是参与竞标，也能够体验到“拥有”这件

物品的感觉。这时，人们就不希望将它让予他人，于是最终就会用更高的价格买下它。而对于这件物品本身，其价值不会因人们是否拥有它而发生改变。但人们却会因为拥有了这件物品而提升对其价值量的判断。

◎——立刻行动 ▷ 让对方拥有它！

图 68　禀赋效应

让顾客体验拥有的感觉

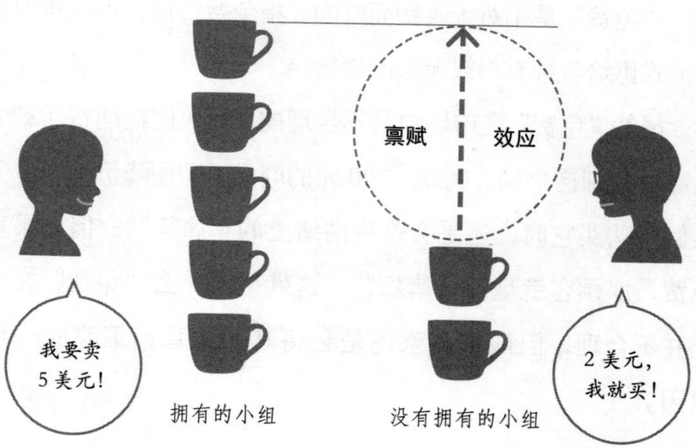

试着应用吧！

在营销中，有一种非常高明的手法，就是让顾客也感受到拥有此产品给他带来的好处。不过这种方法很难运用到食品类商品上。此外，“30 天内可退换货”的商品，也比不提供这样售后服务的商品更容易引起顾客的消费兴趣。

产品知名度不高？给商品附加更多“免费印象”

何谓“免费”？

“免费”是相对于收费而言的，指免缴费用，不以货币交换的形式供给各种有形或无形的事物。

虽然“免费”在市场中是不合理的，但人们在消费活动中，更愿意听到这个词。例如，200 元的商品，即便降价为 100 元，人们在购买它时，还是会产生情绪上的“痛苦”。但如果直接免费，那顾客就毫无情绪痛苦。这就是为什么“免费”在市场上并不合理，但很多商家还是会将其作为营销策略的一环的原因。

要将什么化为免费？

将“免费”策略运用得淋漓尽致的，就是那些在网络上销售商品的商家。当然，也有相反的案例，法国亚马逊网站就没有免运费这项服务，这也导致此购物网站营业额很难增加。

◎——立刻行动 ▷ 不花钱！

图 69　不用钱

给予顾客“免费印象”

尽可能提供免运费的服务，顾客对打折的反应不如对“免费”“零元”的强烈。

试着应用吧！

店铺刚开业时，为了吸引人流量，就可以推出“免费”商品，或者购买三件产品，即可免费领取一件。

顾客决断难？主推产品的优势，是“陪衬”出来的

何谓非对称优势?

买房子的人常常容易感到困惑，甚至出现选择困难症。

售价 60 万的房屋 A，虽然便宜，但是坐西朝东，而且格局有点奇怪。

房屋 B 售价 100 万，坐东南朝西北，格局方正。

看房的人认为，房屋 B 比房屋 A 理想，虽然知道好房子价格高，但还是在意贵了 40 万，但又不想屈就于房屋 A。

另一个房屋 C，也是坐东南朝西北，但格局不够方正，而且售价高达 120 万，比房屋 B 还贵。最后购房者买了房屋 B。

比较之后更能确定优势

房地产商推销这三间房屋，一开始并不会想到买主会买房屋 B。

购房者很容易就能从房屋 C 与房屋 B 中做出选择，一比就知道房屋 C 并没什么优势。

我们对于不了解的事情，总是会先比一比再说，这就是人的习惯。

但是，房屋 A 与房屋 B 并不容易比较，因为它们各有特点且定价不同，所以无法快速判断出究竟买哪一个更划算。

房地产商深知，这个时候只要拿出第三个选择，也就是刻意准备的房屋 C，就能让买主轻松地从房屋 A 与房屋 B 中作出选择。

◎——立刻行动 ▷ 让对方比较！

图 70　非对称的优势

比较后让对方做决定买单

在“三选一”的呈现方式中，多数人自然选择 M（$6.50），若是只有两种选择，则顾客往往很难做选择。

试着应用吧！

在给顾客推荐商品时，可供选择的商品要有所区别。如果希望顾客购买贵的商品，就要准备能够与之进行比较的商品，让他们觉得便宜的差、贵的好。

08

抬高抗压天花板的积极心理学

人在职场，一般都会有压力。说得严重一些，人只要活着就会有压力。心理学很早以前就开始研究压力对大脑机能、个体健康及人际交往的影响。将心理学的研究成果充分地运用在抗压上，是现代职场人的必备技能。

厌恶的工作甩不掉？越讨厌就越要一鼓作气

何谓调适？

人类的心理调适能力其实非常强大。如果只是小的烦恼或压力，一旦习惯了，就能做到仿佛它们不存在一样。就像有人在一旁吵闹的时候，你不想听，只要捂住耳朵就可以了。

人类拥有将“听到的没有意义的声音”当成“假装没听到”的能力，虽然长期压抑自己可能会导致引发各种心理问题，但短期内确实有效。

调试压力，减缓压力的重要方式

心理学家进行了一项实验，研究受测者对吸尘器噪音的忍耐程度。他们将受测者分为三组。A 组只听 5 秒，B 组连续听 40 秒，C 组听 40 秒停止之后再听 5 秒。结果显示，A 组的忍耐度最高，B 组忍耐度最低，而 C 组的忍耐程度接近于 A 组。

这个实验说明，我们真正受到的压力未必与感受到的“压力总量”成正比，适度调试有助于减缓压力。

图 71 调适

烦心程度与坚持的时间不成正比

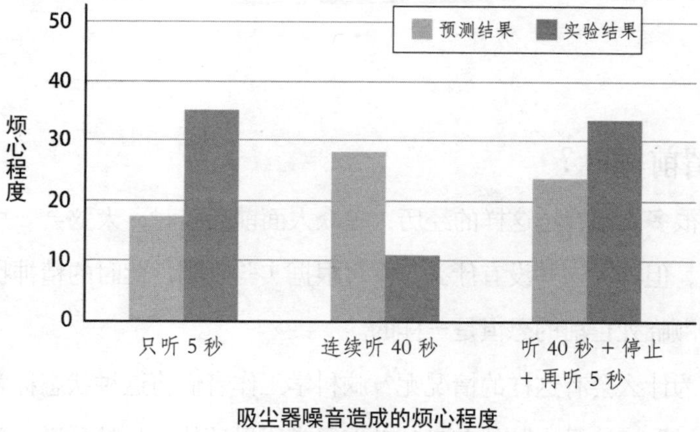

试着应用吧!

如果能将讨厌的事情一鼓作气做完,就能快速摆脱困境,这是因为人类拥有高度的适应力。不过,如果中途暂停就会半途而废。

面对困难的、令人烦心的工作,如果能够一口气完成,就能马上摆脱压力。这是因为人类对压力本身就具有高度的适应力。但如果在中途休息,就会陷入拖延的状态,导致无法按时完成。

情绪崩溃？
反复锻炼你的前额叶

何谓前额叶？

很多人都有过这样的经历：在众人面前丢脸时，大脑会一片空白，但其实这并没有什么。不过根据实验表明，此时的精神状态和濒临死亡前的恐惧是一样的。

为什么会有这样的情况呢？脑科学工作者们将这种状态称为“恐慌”，这是大脑的前额叶功能异常所导致的。也就是说，前额叶掌控执行功能，是复杂心理活动的生理基础，负责计划、调节和控制人的心理活动，对控制高级的、目的性行为有着重要的作用。

前额叶功能很容易下降

为什么我们前额叶的功能会因为受到压力而下降呢？从进化的角度来看，压力反应可能是一种保护机制，它使得个体能够集中注意力应对眼前的威胁，而暂时忽略那些需要复杂认知处理的任务。这种机制在短期内有助于生存，但从长期来看可能会对前额叶的功能产生负面影响。

◎——立刻行动 ▷ 读、写、算！

图 72 前额叶

活化前额叶

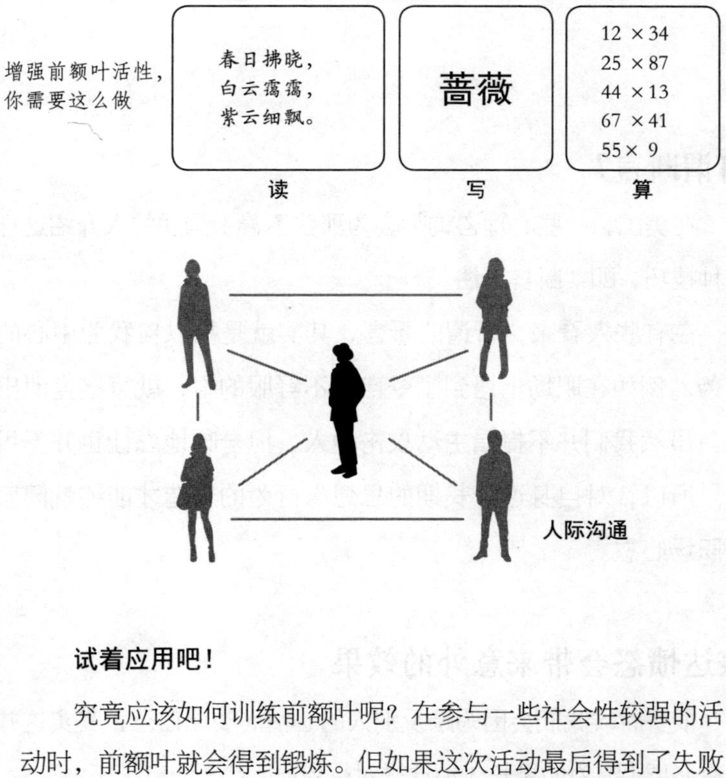

试着应用吧！

究竟应该如何训练前额叶呢？在参与一些社会性较强的活动时，前额叶就会得到锻炼。但如果这次活动最后得到了失败的结果，那么就会造成额叶的萎缩。所以，我们在参与社会锻炼时，要由简单到困难，先选择自己能够完成的事情去做，然后一步一步地提升难度。

愤怒难耐？
用建设性的观点表达不满

何谓断言？

在美国，一些心理咨询师会为那些不善于沟通的人介绍这样一种技巧，即“断言”法。

在有些人看来，所谓的断言，其实就是指以自我为中心的行为。例如在职场上遇到了令自己不舒服的事，就直接宣泄出来。虽然我们并不提倡主动攻击他人，但一味地忍让也并不可取。所以，对自身进行长期的思想与行为的塑造才能练就健康的职场心态。

表达愤怒会带来意外的效果

很多时候我们会因为顾及别人的心情而委屈自己，其实这并没有必要。因为如果长久地这样对待自己，就会让自己压力过大，甚至失去自主思想。

有人会问，如果一遇到自己感到不满的事，就直接表达，难道不会让人际关系处于“冰点”吗？可事实是，更直观的表达往往更容易增加对方对自己的好感。越是不敢直接表达自我，越会让对方感到不真诚，从而下意识与自己保持距离。所以，适当地直接表达，并不是坏事。

◎——立刻行动 ▷ 自我主张！

图 73　断言

建设性的自我主张

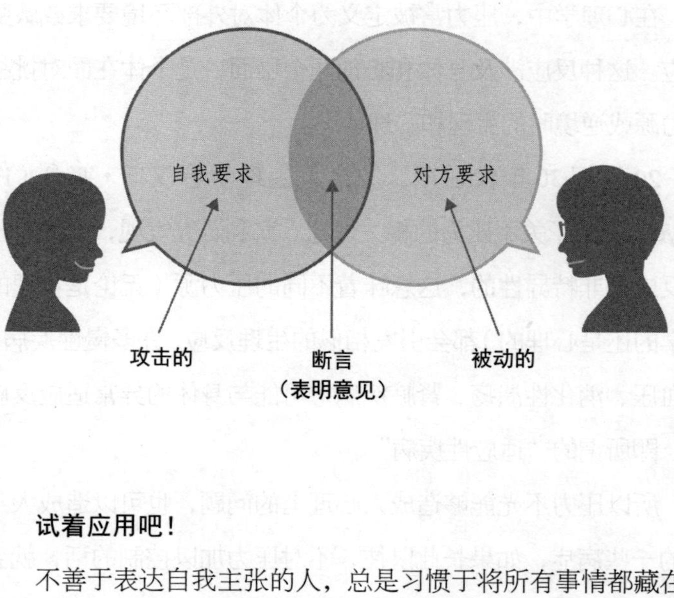

试着应用吧！

不善于表达自我主张的人，总是习惯于将所有事情都藏在心里。但人的忍受程度是有极限的，一旦忍不住了，就会爆发出来。所以，我们在平时就要想好如何表达自己的主张，不要等到无法控制情绪时再随意发泄。

身心俱疲？
觉察躯体化表现，让压力悄然疏解

何谓压力？

在心理学中，压力常被定义为个体对外部环境要求或威胁的反应。这种反应涉及身体和心理两个层面，是个体在面对挑战、压力源或逆境时的生理和心理状态。

20 世纪 30 年代后期，加拿大生理学者汉斯・塞利（Hans Selye）提出了关于压力的相关理论。塞利研究发现，身体对压力的反应是非特异性的，这意味着不同的压力源（无论是物理的、化学的还是心理的）都会引发相似的生理反应。许多慢性疾病（如高血压、消化性溃疡、肾脏疾病）可能与身体的异常适应反应有关，即所谓的“适应性疾病”。

所以压力不光能够造成人心理上的问题，也可以造成人身体上的一些病症，如果长此以往，不对压力加以控制的话，就会让我们的身心受到更严重的伤害。

野生动物无法忍受精神压力

在一些语境里，“野生”代表“强大”，但是野生动物只是身体上很强壮，所以看起来很强大，而在精神方面是非常弱的。

在野生动物被抓捕的时候，有时候很快就会死亡，其中一个重要的因素就是精神压力过大。而一些被圈养的野生动物则较少出现类似状况，这是因为比起生活在野外的同伴，它们的心理承受能力更强。

◎——立刻行动 ▷ 释放压力！

图 74 压力

压力与生活事件的关系

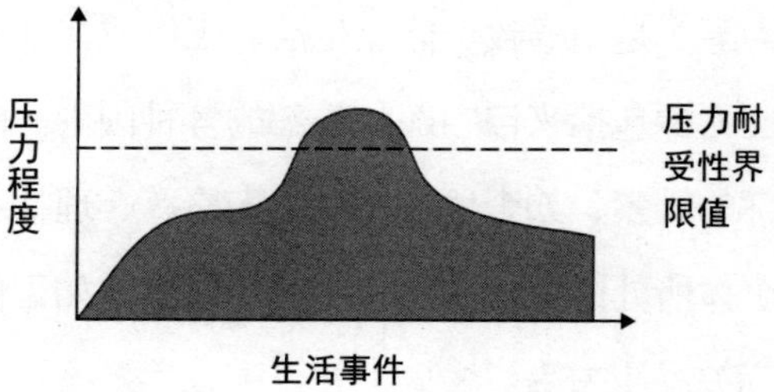

在日常生活中，每个人的压力源都不止一个。例如考学、就业、人际关系、经济状况、身体疾病等。虽然压力源似乎遍布生活的各个角落，但如何面对这些压力源，如何控制压力对我们的影响，却是由我们自己决定的。

试着应用吧！

职场人在感到身心俱疲时，会考虑请假或者休个年假。但待在家中休息过后反而觉得更加疲惫。其实，真正的休息应该回归自然，要让身心完全得到解放，才能重新燃起斗志。

汉斯·塞利

内分泌学者、压力学说的提出者。他发现压力会刺激肾上腺素的分泌。

日常焦虑？写下来，再小的压力源也要被看见

何谓压力源？

“压力源”是指导致个体在生活、工作或其他方面感到压力的因素。压力源包括来自内部和外部的各种因素。内部压力源是指个体内部的因素，如个体的特质、人格、心理状态等。外部压力源是指个体所处的环境和与之相关的因素，如工作压力、家庭压力、人际关系压力等。

精神科医师托马斯•霍姆斯（Thomas Holmes）和理查德•拉赫（Richard H. Rahe）研发出了压力认知量表（Holmes & Rahe stress scale），研究表明，成年人的压力主要来源于生活琐事。而在众多压力源中，排名第一的事件就是亲人的离世。

如何应对日常生活中的焦虑

理查德•拉扎勒斯（Richard S. Lazarus）指出，日常生活中让自己不开心的事情才是构成压力的主要原因。例如约会时对方迟到，和讨厌的同事、领导相处等。不论是家庭生活还是工作，遇到让自

己不开心的事情，长久积压而不宣泄，就会造成自身压力过大。

压力源潜藏在生活的方方面面，所以，首先认识到压力源不可避免，你就成功了一半。只要我们努力去寻找适合自己的压力缓解技巧，并不断实践，就能很好地控制压力，避免压力对自己的身心健康造成不可逆的伤害。

◎——立刻行动 ▷ 即使压力很小也要察觉！

图 75　压力源

压力程度排名前 20

排名	生活事件	压力程度	排名	生活事件	压力程度
1	配偶过世	100	11	家人健康的变化	44
2	离婚	73	12	怀孕	40
3	夫妻分居	65	13	性生活障碍	39
4	入监	63	14	加入新家庭	39
5	近亲过世	63	15	工作上的变化	39
6	重伤或生病	53	16	家族变化	38
7	结婚	50	17	挚友过世	37
8	失业	47	18	调职	36
9	夫妇和解	45	19	夫妻吵架的次数变化	35
10	退休	45	20	一万美元以上的贷款	31

试着应用吧！

在生活中，如果感到压力变重，应该如何应对呢？最简单的方法就是把压力写下来。

理查德·拉扎勒斯

他提出了关于压力的认知理论，认为个人主观直觉对事情的理解是非常重要的，个人主观思想对事件认知的结果有很大的影响。

压力失控？简单的工作紧张点，艰难的工作放松些

何谓耶克斯—多德森定律？

简单来说，耶克斯—多德森定律是指人类的记忆和理解能力在处理信息时具有一定的极限。如果要让学生获得最佳的学习效果，需要充分考虑耶克斯—多德森定律的限制，并采用相应的教学策略。

这个实验经常以老鼠的学习行为为对象，研究发现，学习表现（成就）与自我察觉（压力）之间，存在着“倒U型”的关系。

我们在参与体育运动时，也会有类似的经验。当我们要完成的动作或运动量在我们的能力范围之内时，适当的压力能使我们更加专注，表现得更好。一旦超过了自身的能力范围，就会感到非常紧张。这就像我们在面对复杂的工作时，心理压力越大，就越容易表现失常。

让压力曲线均衡美观

当你正在做一件与自己能力相匹配的工作时，压力程度曲线会非常均衡美观。如果所做的工作非常简单，曲线高点偏右；如果工作难度已经超出了你的能力范围，高点则偏左。

◎——立刻行动 ▷ **倒 U 型！**

图 76　耶克斯—多德森定律

如何提高你的工作表现

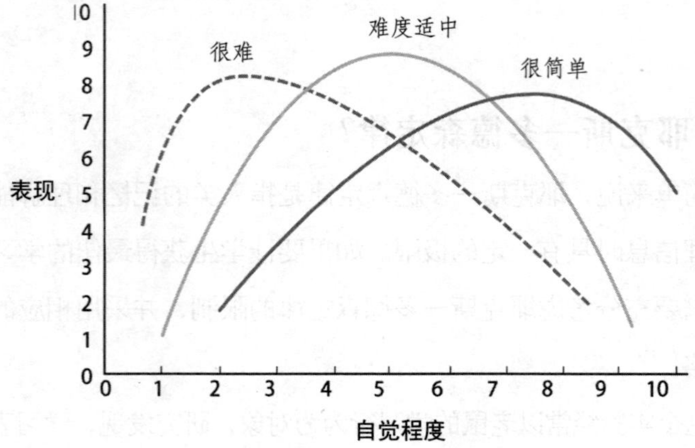

试着应用吧！

在工作中，不可能不遇到困难，所以当有压力时，我们只要做到坦然面对，逐步解决就好。当我们降低了对压力的感知度，就能够提高工作效率。如果不对压力感知加以控制，反复在心中回想压力，紧张度就会不断增加，从而导致工作停滞不前，陷入困境。

罗伯特·耶克斯（Robert M. Yerkes）

美国比较心理学家，从事动物行为研究，此外，他对知觉与学习等领域也颇有兴趣。

追求完美？
你可以选择压力，也可以选择轻松

何谓 A 型性格？

美国心脏病学家梅耶·弗里德曼（Meyer Friedman）与雷·罗森曼（Ray Rosenman）发现，缺血性心脏病（IHD，ischemic heart disease）的患者有个共同点，那就是大多都拥有“A 型性格”的特征。

A 型性格者大多数为好竞争、富有野心、性急、灵敏的工作狂。

这样的性格会对身心健康造成很大影响。研究表明，A 型性格的人大多会有高血压与高血脂的病症，他们发生缺血性心脏病的概率会远远比 B 型性格多出两倍。

“敌意”与“压抑怒气”

研究表明，A 型性格的人最危险的特征是，会对不喜欢的人抱有“敌意”，并习惯性“压抑怒气”。A 型性格的人对时间的感知非常强，再加上具有攻击性的性格，所以他会因为他人不守时而变得生气。拥有这种性格的人会经常给自己施加压力，同时也会给周围的人施加压力。

◎——立刻行动 ▷ 自我检查是否为A型性格！

图77 A型性格

A型性格自我诊断

	经常	偶尔	从未
1. 每天都很忙	2	1	0
2. 每天被时间追着跑	2	1	0
3. 对事物很容易热衷	2	1	0
4. 一旦埋首于热衷事物时，就很难抽出身来	2	1	0
5. 事情做得很彻底	4	2	0
6. 对于自己的工作与行为有自信	4	2	0
7. 容易紧张	2	1	0
8. 暴躁易怒	2	1	0
9. 一板一眼	4	2	0
10. 不服输	2	1	0
11. 容易激动	2	1	0
12. 喜欢和他人竞争	2	1	0
合计			

合计17分以上就是A型性格
资料来源：日本心脏财团

试着应用吧！

A型性格的人就算生活中没有压力，但迫于性格驱使，也会给自己制造压力，给周围的人制造压力。

自我归咎？偶尔乐观地思考，就能带来好运

何谓控制点？

当一些事情发生的时候，不论最终结果好坏，我们都会思考造成这种结果的原因。

如果是好的结果，我们会觉得是通过努力而得到的结果，如果是不好的结果，那就会想自己是否不胜任此类事情呢？还是说没有天时、地利、人和，我们的运气不够？

美国心理学家朱利安·罗特（Julian Bernard Rotter）指出，任何一件事都有“内在”与“外显”之分，也同时存在着“安定因素”和“不安定因素”。如何分别则取决于不同性格对事件的处理与看法，这就是控制点。

坏事起因于内在安定因素

在晋升或考试失败时，大部分人都会先想到，是否是因为自己的能力没有达到要求。这就是考虑内在因素。但很多时候，外在因素也会在很大程度上影响最终的结果，如果仅仅考虑内在

因素，而忽视了外在因素，这种心理就是不成熟的。

◎——立刻行动 ▷ 乐观主义

图 78　控制点理论

偶尔乐观的思考

	内部因素	外部因素
安定因素	能力（如果成功…）	工作的难易度
不安定因素	努力	运气（如果失败…）

试着应用吧！

当好事发生时，要归因于内在自我足够安稳，所以很多人把这一点看作是好运的源泉。

朱利安·罗特

美国心理学家，他认为人类行为会根据对目标的期待而改变。这种期待来自对社会价值观的学习和理解，进而发展出社会学习理论。之后，该理论由阿尔伯特·班杜拉进一步发展并广泛传播。

BIN TRAVERLER FORM

Cut By: Iris C. #27 **Qty** 34 **Date** 11-9-26

Scanned By:________________ **Qty**______ **Date**________

Scanned Batch ID's

____________ ____________ ____________

Notes / Exceptions

____